壽福眞美
法政大学サステイナビリティ研究センター【編】

槌屋治紀
明日香壽川
吉田文和
【著】

飯田哲也
荻本和彦
藤野純一

「エネルギー計画2050」構想

脱原子力・脱炭素社会にむけて

法政大学出版局

はじめに

2018年7月，日本政府は，「エネルギー基本計画」を決定したが，そこではじめて「2050年に向けたエネルギー転換・脱炭素化への挑戦」と銘打った最終章が登場した。「2030年エネルギーミックスの実現と2050年エネルギーシナリオを統合した第5次エネルギー基本計画を実行する」道（105頁）は，はたしてエネルギー転換（省エネルギー＋再生可能エネルギー）と脱炭素化社会（2050年，温室効果ガス1990年比80％削減），つまり，持続可能なエネルギー社会への道なのであろうか。

(1) 現在の日本のエネルギー供給・消費は，次の特徴をもっている。エネルギー源の90％弱を輸入に依存し，およそ33％の転換損失を経て，最終エネルギー消費は，約67％となっている。その内訳は，熱・燃料（含交通燃料）が37.6％でもっとも多く，次いで非エネルギー的消費（石油製品等）が35.7％，電力は26.7％でもっとも少ない（だから，エネルギー問題は，まず熱・燃料問題であって，電力問題に矮小化できない）。

これを前提にして，エネルギー基本計画（2018）を概観する（**表1**）。

①まず，日本は1973年以来2005年までほぼ右肩上がりで最終エネルギー消費が伸びてきたが，2008年のリーマンショックを機に減少に転じた。そして，1エネルギー供給は，2013年度の5億3606万kl（原油換算。1kl=3.87×10^4MJ=1.08×10^4kWh）から2030年度には4億8900万klと，4706万kl減少し，エネルギー需要も，2013年度の3億6100万klから，3億2600万klと，3500万kl減少すると想定されている。大部分は13％の省エネルギー（エネルギー利用の節約＋効率化）によるとのことである（電力はマイナス17％）。だが，この想定には重大な問題がある。

・人口減，とくにいわゆる生産年齢人口（15〜64歳）の減少は，当然エネルギー消費の減少を伴うと考えられるが，この要因はどの程度考慮さ

表 1 「エネルギー基本計画 (2018)」の概要

	2016	2020	2030	2050
1次エネルギー供給	5億3606万kl（=19836ペタジュール）（2013年）		4億8900万kl（マイナス4706kl）	
エネルギー需要	3億6100万kl（2013年）・13321ペタジュール（2013年最終エネルギー消費）		3億2600万kl（マイナス3500kl）	
CO_2排出	・13億トン／年（内エネルギー起源：11.3億トン）	3.8％削減（2005年比）	26％削減（2013年比）・エネルギー起源：9.3億トン	80％削減（1990年比）
徹底した省エネルギー社会の実現			マイナス13％（電力マイナス17％）	
・業務・家庭	建物ヒートポンプ，LED，FC等トップランナー制度	新築50％ZEB，ZEH	・新築100％（？）ZEB，ZEH	
・運輸		FCV20万台	EV，FCV80万台，HV：50〜70％	
・産業	消費効率増1％／年トップランナー制度（ベンチマーク制度）等		FCV80万台	FC：業務・産業の60％
・電力	ディマンド・レスポンス，バーチャルパワープラント等			
再生可能エネルギーの主力電源化			22 − 24％	
太陽光			7.00％	
風力			1.70％	
地熱			1.00％	
水力			8.8 − 9.2％	
木質バイオマス			3.7 − 4.6％	
コージェネレーション＋再生可能エネルギー熱				
原子力政策の再構築			20 − 22％	
化石燃料の効率的・安定的利用			化石燃料電力56％	
水素社会				

（『エネルギー基本計画2018』（http://www.meti.go.jp/press/2018/07/20180703001/20180703001.html），『エネルギー白書2018』，環境省編『環境白書（平成30年版)』を基に独自に作成）

れているのか，あるいは考慮されていないのか。2015年現在，総人口は1億2710万人，生産人口は7728万人だが，2030年にはそれぞれ1億2000万人弱，7000万人弱と推計され，それぞれの減少率は約6％，9.5％であり，さらにその10年後には双方が約1000万人減少し，約13％，23％の減となる。他の諸条件を勘案しないで単純にこれを加味すると，エネルギー需要の減は，2030年度では19〜22.5％，2040年度では26〜36％の減となるだろう。

・表1から分かるように，数値目標の低さを措くとしても，既存建物の省エネルギー，とくにLED照明転換，断熱化（もっとも手軽な断熱シートを張るだけで，日射遮断・断熱効果は大きい），スマートメーター設置（電力利用の「可視化」による省エネルギー効果は，想像以上に大きい。たとえば待機電力ゼロ化），FC設置等々，新旧建物を問わず実現が比較的容易で効果の大きい対策が決定的に弱い。エネルギー需要の約75％が熱・燃料なのだから，この部門でこそ省エネルギーの最大化を図らなければならない（たとえばISEPは，30％以上の削減が可能だとしている。『エネルギー基本計画への意見』，2018年，2頁。https://www.isep.or.jp/wp/wp-content/uploads/2018/04/004b8725b2c405942669ce96f91bbcc2.pdf）。

・交通燃料に関しては，パーク-アンド-ライド，カーシェアリング等も有効だが，何よりも減自動車化・減飛行機化が重要である。前者では，近隣公共交通（電車・バス）および自転車専用道路の整備が，後者では近中距離航空の電車への優先転換がとくに重要である。

　②依然として化石燃料と核エネルギーに依存したエネルギーおよび電力構造に固執している。前者に関しては，とくに石炭火力発電所の新増設が問題である（石油依存と併せて考えると，2030年度の化石燃料電力が56％を占めるのだから，2050年温室効果ガス1990年比80％削減は，到底実現できない。CAN-Japan『新しい日本の気候目標への提言』，2015年を参照。https://www.can-japan.org/wp-content/uploads/2015/03/150320CAN-Japan-proposal-new-climate-target.pdf）。

　後者に関しては，とくに再稼動・リプレース・新増設が問題である。核発電

表2　再生可能エネルギー・ポテンシャルと数値目標

	種類		ポテンシャル	導入可能量*	実績	2020	2030	2050
熱・燃料（・電力）	太陽熱利用・太陽熱発電	NEDO	年間直達日射量1000〜1300kWh/㎡		太陽熱給湯器による低温利用中心、中高温利用なし。発電なし。			
		MOE			再生エネ全体（2010年）2万MW	同6万MW	同12万MW	
		WWF						
	バイオマス	NEDO	510PJ/年		発電48PJ、熱利用44PJ（2009年。1PJ＝38,645.8kL)	2017年度バイオエタノール利用目標量50万kL（石油換算）		
		MOE			25,500万トン（2010年。炭素換算）・発電量23.0TWh（2015年）	発電量27.0〜37.0TWh	発電量27.0〜39.2TWh	発電量27.0〜43.1TWh
		WWF	発電7.38GW 熱973PJ		発電4.09GW 熱0.161トン（石油換算）。2013年			発電6.00 熱2200PJ
	コージェネレーション	NEDO						
		MOE						
		WWF						
	太陽光	NEDO	年間日射量1000〜1500kWh/㎡。85.3〜135GW		2012年設備容量全体11,000MW（2010年設備容量3,620MW）		設備容量63,280MW	
		MOE	59〜150GW（MAFF55〜380GW）		発電量15.0TWh（2015年）	発電量70.7〜74.4TWh	・発電量77.7〜128TWh	発電量249.3〜304.5TWh
		WWF	718.12GW	46.06GW	33.40GW	63.12GW・70.00GW（JPEA）	108.74GW・100.00GW（JPEA）	450GW・250GW（JPEA）
	風力（陸上）	NEDO	2億9000万kW	1億〜1億1000万kW	2.614MW（2012年）	400MW（JWPA11.3GW）	5,860MW（JWPA28.8GW）	
		MOE	2億8000万kW	1億〜1億4000万kW	全体2,440MW（2010年）・全体発電量4.8TWh（2015年）	全体発電量19.7〜25.1TWh		全体発電量42.3〜153.3TWh
		WWF	全体1,698GW					全体140GW

電力	風力（洋上）	NEDO	15億kW	4500万kW	2,614MW（2012年）			
		MOE	16億kW	17万kW		400MW（JWPA 11.3GW）	5,860MW（JWPA 28.8GW）	
		WWF	1,412.76GW					
	中・小水力	NEDO						
		MOE	1,705万kW（2010年）	1444万kW	955万kW・発電量46.6TWh（2015年）	1,077万～1,512万kW・発電量49.1～58.6TWh	1,522万～1,812万kW・発電量51.7～70.8TWh	1812万～2.412万kW・発電量57.0～95.2TWh
		WWF	全体46.06GW		全体20.73GW	11.88GW	14.20GW	18.4GW・全体46.06GW
	地熱	NEDO	23,470MW		515MW（2013年）	670～1,130MW		
		MOE	33,140MW	14,200MW	3.2（2015年）	800～1,070MW・発電量5.0～5.0TWh	1,990～3,120MW・発電量13.4～14.8TWh	74,300～79,200MW・発電量30.2～49.6TWh
		WWF	30.63GW		0.54GW			10.00GW
	海洋エネルギー	NEDO	195GW（波力），22GW（潮流），205GW（海流），106,00TWh（海洋温度差）		0	波力51MW（OEA-J），潮流130MW，海洋温度差510MW	波力554MW（OEA-J），潮流760MW，海洋温度差2,550MW・発電量5.4～14.2TWh	波力7,350MW（OEA-J），潮流7,600MW，海洋温度差8,150MW・発電量20.1～57.7TWh
		MOE						
		WWF	36.00GW（波力）					10.00GW（波力）

NEDO：New Energy and Industrial Technology Development Organization 新エネルギー・産業技術総合開発機構『再生可能エネルギー技術白書（第2版）』，2016年

MOE：Ministry of Environment 環境省（委託研究：三菱総合研究所）『平成26年度2050年再生可能エネルギー等分散型エネルギー普及及可能性検証検討委託業務・報告書』，2016年

MAFF：Ministry of Agliculture, Forestry and Fisheries 農林水産省

WWF：World Wide Fund for Nature Japan 世界自然保護基金・日本（委託研究：システム技術研究所）『脱炭素社会に向けた長期シナリオ——パリ協走時代の2050年日本社会像』，2017年

OEA-J：Ocean Energy Association-Japan 海洋エネルギー資源利用推進機構

JPEA：Japan Photovoltaic Energy Association 太陽光発電協会

JWPA：Japan Wind Power Association 日本風力発電協会

所（＝原発）は，2018年10月26日現在，9基が稼動中だが，2030年度核エネルギー電力の比率20〜22％を達成するには，リプレース・新増設および稼動期間（原則40年間）の60年間への延長が必須である。そうでないと15％にしかならない。さらに，もし2030年以降もこの比率を保持しようとすれば，全39基の既存核電をすべて60年間に稼動延長しなければならないが，その場合でも，2069年末にはゼロになる（『エネルギーフォーラム』，第762号，2018年，17頁）。他方，基本計画では「可能な限り原発依存度を低減する」と明言されているから，両者の間には根本的な矛盾がある。2050年シナリオでもこの矛盾は解決されていない。

　（同時に，核電に内在する本質的・構造的問題も再考しなければならない。詳論は避けるが，少なくとも次の6点が問題である。ⅰ）過酷事故の危険性を排除できない〔ペレットの中心温度は1800〜2400度で，冷却水温度は300〜400度だから，つねに冷却し続けなければならない。とくに二酸化ウランの融点は2840度なので，核反応の進行や冷却能力の低下によって，ペレット中心部は溶融状態になる可能性がある〕。ⅱ）放射性物質の放出と温排水による環境汚染と被ばく。ⅲ）被ばく労働者とその下請け構造。ⅳ）核燃料サイクル，とくに再処理と高速増殖炉の危険性。ⅴ）放射性廃棄物の処理（含使用済み核燃料・高レベル放射性廃棄物の最終貯蔵）。ⅵ）プルトニウムの毒性と核拡散）。

　③再生可能エネルギーに関しては，「主力電源化」（22〜24％）と熱利用が指摘されているものの，具体的な内容は乏しい。とくに問題なのは，全量無条件優先接続の原則が完全に欠落していることである。この原則が確立されてはじめて送電線容量，系統連系，FIT，蓄電，バックアップ，デマンドレスポンス，バーチャルパワープラント，スマートグリッド等々の問題も真剣かつ有効に議論することができるだろう。

　もっとも重要なことは，日本の再生可能エネルギーのポテンシャルは，現在および未来のエネルギー需要全体をカバーできるほど高いということである（**表2**）。電力だけではなく，熱・燃料もそうである。ところが，数値目標を見ると，世界自然保護基金・日本の「2050自然エネルギー100％シナリオ」，部分的には自然エネルギー財団「シナリオ」を除いて，経済産業省「シナリオ」では，驚くほど低く（あるいは，ほぼゼロ），環境省「シナリオ」でも導入可

能量と比較しても低い。

このように見てくると，最初の問いにたいする答えはおのずと出てくる。現在の基本計画の道は，持続可能なエネルギー社会への道などではない。したがって，新しい「日本エネルギー計画 2050 シナリオ」を構想しなければならないのである。

(2) 本書は，すでに公表されている体系的・包括的・長期的な 2 つのシナリオ，①世界自然保護基金・日本『脱炭素社会に向けた長期シナリオ——パリ協定時代の 2050 年日本社会像』(2017 年 2 月。https://www.wwf.or.jp/activities/data/170215LongTermEnergyScenario2017_Final_rev2.pdf)，②自然エネルギー財団『脱炭素社会を実現するエネルギー政策への転換を〜「エネルギー基本計画」と「長期低排出発展戦略」の議論を誤らないために』(2018 年 1 月。 https://www.renewable-ei.org/activities/reports/img/pdf/20180130/20180130_ProposalEnergyBasicPlan_JP_Web.pdf) を踏まえながら，それをさらに具体化し深化させるために編まれた（基になっているのは，2017 年 7 月 23 日の法政大学サステイナビリティ研究所〔2018 年〜同センター〕シンポジウム「持続可能なエネルギー社会を創る——『日本エネルギー計画 2050』を構想するために」である）。

第Ⅰ部，エネルギー計画の「分析と提言」は，4 章から成っている。

第 1 章（槌屋治紀）は，上記 WWF-Japan シナリオに基づきながら，それを人類 20 万年史のなかに位置づけ，地域ごとのエネルギー需給を明らかにするダイナミック・シュミレータの方法も説明し，「100% 自然エネルギーシナリオ」だけでなく，「2050 年温室効果ガス 80% 削減」という政府の方針を実現する「ブリッジンナリオ」も提示し，両者を比較分析している。さらに，太陽光道路発電やソーラーアシストカーなど新しい知見も紹介する斬新な提言となっている。

第 2 章（壽福眞美）は，ドイツの「エネルギー転換」の歩みに即しながら，とくにアメリカ・スリーマイル島核電事故当日から開催された 1979 年の国際専門家シンポジウム「ゴアレーベン」とドイツ連邦議会専門家調査委員会「未

はじめに　ix

来の核エネルギー政策」，シンクタンク「エコ研究所」の活動を分析し，エネルギー計画作成が市民，専門家，政治家の共同作業によると論じる。同時に，2012 年以来の日本における「討議民主主義的な国民的議論」の体験を分析しながら，ドイツの経験にも学びつつそれをさらに発展させることの重要性を指摘している。

第 3 章（明日香壽川）は，政府の温室効果ガス削減政策が矛盾・不整合を孕んでおり，とくに石炭火力発電所新設が削減策に逆行する愚行であることを指摘する。そして，これまでの削減数値目標の作成過程の重大な欠陥を分析しながら，エネルギー経済モデルの改善・該当審議会の改革・市民参加の促進などを提言し，仙台石炭火力発電所をめぐる訴訟の意義と展望を論じる。

第 4 章（吉田文和）は，ドイツにおける福島核電事故の受け止め方，倫理的責任を紹介しながら，エネルギー転換の現状について熱・交通問題，電力価格，省エネルギー，「安価な」核エネルギーの破綻を分析する。そして，日本が学ぶべき点として，事実と倫理性の重視，リスクの技術的評価と比較考量論の限界，公論形成の重要な意義等を提言している。

（なお，本書未収録の上記シンポ 3 報告，すなわち，「ソーラー・シンギュラリティ」（飯田哲也），「温室効果ガス目標設定をめぐる議論」（藤野純一），「エネルギーシステムインテグレーション」（荻本和彦）については，当日会場にて配布された『予稿集』，2017 年，相模プリントを参照されたい。予稿集希望者はサス研まで）

第Ⅱ部「総括討論」は，シンポ当日の記録であるが，報告者全員が最新の知見に基づいて，次のテーマについて議論した。2050 ビジョンと現在の新傾向の統合，定性的・定量的分析の統合，日本の再生可能エネルギー政策の問題点とその原因，FIT，核エネルギー，熱エネルギー，温暖化問題，交通問題がそれである。各報告を深化させただけでなく，討論者の白熱した討議によって，意見・展望の異同も明らかになった。

最後に，2016 年から始まった新しい日独交流の場「独日エネルギー転換評議会」（GJETC: German Japanese Energy Transition Council〔http://www.gjetc.org/〕共同議長：ペーター・ヘニッケ〔前ヴッパータール研究所所長〕，

豊田正和〔日本エネルギー経済研究所理事長〕）は，ひょっとしたら，日本のエネルギー転換を促進する触媒になるかもしれない。2017年9月の会議では，日本側の懐疑的・批判的態度がまだ顕著だったが，これは変化せざるをえないかもしれない。ここでの議論も，市民が日本エネルギー計画2050を考える重要な素材となるだろう。

　本文，とくに総括討論の校正について，法政大学社会学部学生，石川舞花，西嶋みなみの協力を得た。
　本書は，法政大学サステイナビリティ研究センターの出版助成によって公刊される。

2018年11月

壽福眞美

「エネルギー計画2050」構想／目次

はじめに

第一部　分析と提言

第1章 ｜ 自然エネルギーを中心とする日本のエネルギー計画　3
槌屋治紀

1　はじめに　　　　　　　　　　　　　　　　　　　　　　　3

2　地球温暖化とパリ協定　　　　　　　　　　　　　　　　　5

3　脱炭素社会シナリオ 2050　　　　　　　　　　　　　　　7

4　将来のエネルギー需要　　　　　　　　　　　　　　　　　8
　　1）2050 年にいたる社会と活動指数
　　2）省エネルギー技術の適用による需要の削減

5　自然エネルギーのポテンシャルと導入見通し　　　　　　15
　　1）太陽光発電
　　2）風力発電
　　3）水力発電その他

6　自然エネルギーによる供給　　　　　　　　　　　　　　18
　　1）道路に太陽光発電
　　2）ソーラーアシストカー
　　3）太陽光と風力の補完関係
　　4）ダイナミックシミュレータ
　　5）余剰電力の利用

7　二つのシナリオ　　　　　　　　　　　　　　　　　　　25
　　1）ブリッジシナリオ
　　2）100％自然エネルギーシナリオ

8　温室効果ガスの排出量　　　　　　　　　　　　　　　　31

9　費　用　　　　　　　　　　　　　　　　　　　　　　　33
　　1）エネルギー価格の想定
　　2）太陽光発電の学習曲線
　　3）費用の算定

10　おわりに　　　　　　　　　　　　　　　　　　　　　　37

第 2 章 専門家委員会，市民討議，政策形成
——エネルギー政策形成過程の日独比較 39
壽福眞美

1 はじめに 39

2 2012 年「革新的エネルギー・環境戦略」——3・11 以前と以後 43
- 1) 2010 年「エネルギー基本計画」
- 2) 国民的討論の展開と戦略決定
- 3)「革新的エネルギー・環境戦略」とその意義

3 ドイツ「エネルギー転換」の道——政治と科学の関係 57
- 1) ドイツ核エネルギー政策の本質的転換——ゴアレーベン国際シンポジウム（1979 年 3～4 月）
- 2) 脱ウラン・脱化石燃料のソフト・エネルギー・パスの提起と検討——ドイツ議会・専門家調査委員会「未来の核エネルギー政策」（1979～1980 年）とエコ研究所「核エネルギー・石油なしのエネルギー供給」（1980 年）
- 3) 専門家委員会と市民対話

4 政治的決定から社会的合意形成へ（2011～2018 年） 68

5 おわりに 70

第 3 章 パリ合意に逆行しない日本のエネルギー政策
および気候変動政策を策定するために 73
明日香壽川

1 はじめに 73

2 気候変動による影響 74
- 1) 熱波と集中豪雨の増加
- 2) 気候変動難民
- 3) 極端現象と人為的温室効果ガス排出との関係

3 気候変動対策の国際・国内枠組み 76

1）国際枠組み（パリ協定など）
　　　2）国内枠組み

　4　石炭火力新設と政府施策との不整合　　　　　　　　82
　　　1）供給計画を上回る増加容量
　　　2）必要となる設備利用率の低下
　　　3）長期目標との不整合
　　　4）具体的な対応策の欠如

　5　これまでの温室効果ガス排出削減数値目標策定プロセス　　86
　　　1）各策定プロセスの概要
　　　2）目標設定の考え方の変化
　　　3）目標設定プロセス改善案

　6　石炭火力発電所に対する訴訟　　　　　　　　　92
　　　1）訴状のポイント
　　　2）因果関係の立証

　7　おわりに　　　　　　　　　　　　　　94

第4章｜ドイツのエネルギー大転換
　　　　──日本のエネルギー政策への教訓　　99
　　　｜吉田文和

　1　はじめに　　　　　　　　　　　　99

　2　ドイツの脱原発　　　　　　　　　100
　　　1）ドイツの脱原発の6つの理由
　　　2）ドイツは福島をどう受け止めたか
　　　3）倫理とリスクの考え方──前提となる倫理的責任論

　3　「ドイツのエネルギー大転換」　　　　102
　　　1）「エネルギー大転換」の5つの理由
　　　2）「エネルギー大転換」の成果
　　　3）再生可能エネルギー導入の成果

　4　ドイツのエネルギーの現状　　　　　107
　　　1）ドイツのエネルギーフロー

  2）電力価格の動向

  3）省エネの課題

  4）原子力の問題

5 おわりに   112

  1）ドイツの課題

  2）日本が学ぶべきこと

  3）なぜ，日本で脱原発がすすまないのか

第二部 総括討論   119

2050ビジョンと現在の新傾向の統合   121

定性的・定量的分析の統合   130

日本の再生可能エネルギー政策の問題点とその原因   136

FITの評価と今後   142

核エネルギーという負債   147

熱エネルギー政策をめぐって   155

温暖化問題とCCS   163

交通問題とエネルギー政策   170

第一部

分析と提言

第1章

自然エネルギーを中心とする
日本のエネルギー計画

槌屋治紀

1 はじめに

　人類にとって食糧，水，エネルギーは，持続的に生存してゆくのに必要不可欠な資源と考えられています。19世紀から20世紀には人口が急激に増加し，これらの資源を満たすために，現実社会への科学技術の適用が進展しました。とくにエネルギーについては，相次ぐ技術革新を通じて広範な利用が進み，電力を利用する照明とコンピュータ・情報通信，モータと生産用産業機械，内燃機関に輸送用の液体燃料を利用する飛行機と自動車など，エネルギーは欠くことができないものとなりました。そして，そのエネルギーの多くは化石燃料（石油，石炭，ガス）によって供給されています。現在では世界で1年間に150億トンもの化石燃料が消費され，330億トンの二酸化炭素を排出しています。このうち石油は，特に中東地域や南米に遍在しており，地政学的な問題を生み出す原因になりました。第2次世界大戦後は民族自決の運動が盛んになり，それまで欧米の国際資本により支配されていた石油の生産を国有化する動きが続き，OPEC（石油輸出国機構）が形成されました。

　このようなエネルギーの大量消費が無限に続くことはないと懸念するに至ったころ，1972年にMIT（マサチューセッツ工科大学）のメドウズらがコンピュータモデルを使った「成長の限界」報告を発表しました。この報告は「資源

と環境の限界から無限に続く経済成長はあり得ない」ことを，当時の最新の道具であるコンピュータによって示したものでした。そしてその予言が的中するかのように，その翌年には中東戦争でイスラエルに対して停戦にこぎつけたアラブ諸国が，OPEC を通じて親イスラエル国に対して石油禁輸を宣言しました。石油価格は 4 倍に高騰し，世界は大混乱に陥りました。

　この石油危機は化石燃料資源の有限性を広く認識させることになり，代替エネルギーの開発が行われました。IEA（国際エネルギー機関）は，既存の油田からの石油生産は 2006 年にピークに達したと発表しました。ところが 2008 年ごろから米国では，既存の油田に高圧水を吹き込んで頁岩を破砕してその中に残っている石油やガスを回収する技術が発展しました。このシェール石油の生産増大によって，米国は石油輸入の必要がなくなり，資源の有限性を否定するような状態になりました。しかし，シェール石油もいつかは枯渇する運命にあります。

　化石燃料消費の増大は，1960 年代には大気汚染問題を惹き起こしました。とくに石炭と石油を消費する火力発電所と，石油を使う自動車から排出される，煤塵，硫黄酸化物，窒素酸化物は，大気汚染や光化学スモッグによる呼吸器障害などを惹き起こしました。日本では，排出源の工場や自動車の排気ガス処理によって減少していき，1960 年代に比較すると大気汚染の程度はかなり低下しました。しかし，いまだ完全な解決は見られていないだけでなく，中国やインドでは大きな問題になっています。

　一方，地球気象の研究者からは，化石燃料の消費に伴って排出される二酸化炭素の堆積に起因する地球大気温度の上昇と，海面上昇の危険が警告されていました。この地球温暖化に対する警告は，19 世紀の物理化学者アレニウスによる研究が発端になっています。産業革命によって生じた石炭の大量消費についての警告でした。しかし近代文明の便利さを追求する世界では，こうした警告は長い間，無視されていました。

　1980 年にカーター米大統領のもとで作られた「21 世紀の地球」報告に地球温暖化の問題が取り上げられました。1988 年には，国連と WMO（世界気象機関）によって IPCC（気候変動に関する政府間パネル）が設立されました。IPCC は地球温暖化に関する研究をとりまとめて 1990 年から報告の精度を上

げながら繰り返し発表しており，その最新の報告は2013年の第5次報告になっています。報告は，地球温暖化が人間の活動を原因とするものであり，すでに過去130年間に大気温度は0.85℃上昇しており，対策を打たなければ2100年には4℃以上の上昇となり，大きな経済損失になり，将来の人類の生存にとって脅威であると述べています。IPCCの活動は，温室効果ガスの排出削減の国際的取り決めを討議する気候変動枠組条約会議として，1995年にベルリンで最初の会議（COP1）が開催されました。

2　地球温暖化とパリ協定

　1997年には京都で気候変動枠組条約会議（COP3）が行われ，京都議定書が成立しました。これは1990年比で2010年に温室効果ガスの排出削減を約束するものでした。EUは8%の削減を，日本は6%の削減を約束しました。米国のゴア副大統領は7%の削減を約束しましたが，クリントンに代わったブッシュ大統領はこれを批准せず，京都議定書から離脱しました。

　当時は，温暖化の被害は直接的には目に見えなかったのですが，いまでは太平洋の海水温度が上昇して海水の蒸発を加速し，日本各地に1時間に100ミリを超えるような記録的な集中豪雨や強大な台風を生み出し，その結果，洪水，土石流，がけ崩れ，床上浸水などが頻繁に生じています。記録的とも報道される降雨量があまりに大きいので，地域一帯の排水能力を上回って，道路に水が川のように流れる様子が伝えられています。すでに温暖化の被害が身近に生じていると言えます。

　京都議定書は約束した国々が少なかったので，実質的な効果はなかったと批判する向きもありますが，国際的な取り決めとして，2015年にパリで開催されたCOP21へとつながるものとなりました。COP21で生まれたパリ協定は，2100年の温度上昇を2℃未満に，できれば1.5℃未満に抑えよっとするもので，参加国190ヶ国か自主的に削減目標を宣言して実施となりました。これは拘束力のないものですが，それは途上国を含めた地球上のすべての国が参加するように配慮されたものでした。

　ところが2017年6月になって，米国トランプ大統領はパリ協定からの離脱

を表明しました。しかし，米国の州や都市ではパリ協定にそって，温室効果ガスの排出削減を目指す活動が続いています。自然エネルギー100％を目指す「RE100」は大手企業の参加を得て国際的な広がりを見せています。ハワイ，ペンシルバニア，カリフォルニア州などの自治体をはじめとして，アップルやグーグルなどの企業が"We are still in"と，パリ協定にとどまると表明しています。

　ホワイトハウスのサイトには，オバマ政権時の「クリーンエネルギー計画」が消えてしまって，「アメリカ・ファースト・エネルギー計画」になっています。その内容は，化石燃料の開発利用によって安いエネルギーを提供するとなっています。「憂慮する科学者同盟（UCS）」のサイトをみてみると，トランプ政権は「気候変動」，「地球温暖化」，「排出削減」という言葉を使わないようにという通達をしているとありました。

　このトランプ大統領のパリ協定離脱表明に対して，マクロン仏大統領は，「フランスは，地球温暖化の研究者を支援するので，米国の研究者はフランスに来てほしい」と発言しました。7月6日になると，フランスは「2040年までにガソリン車とディーゼル車の販売を禁止する」と発表しました。これで翌日のハンブルクG20サミットでメルケル独首相の鼻を明かしたと言われています。ドイツはディーゼル車のソフトウェアで排気ガスを誤魔化す手法が問題になりました。ディーゼル車では大気汚染を減らすのが無理だということが分かったのでしょう。しかしフランスの電力の77％は原子力ですから，電気自動車が普及するためには，同時に自然エネルギーを増やしていく必要があります。実際にフランス政府は原子力を減らして再生エネを増やしていくと宣言しています。

　7月26日，英国も「2040年までに化石燃料で走る自動車を禁止する」という同じ方針を発表しました。米国では，テスラ社のイーロンマスク氏が，トランプ大統領のパリ協定の離脱をみて，トランプ政権への協力を辞退しました。テスラ社では，新型の電気自動車を370万円で売り出すと宣言したところ，大量の予約が殺到しました。背景にはバッテリーのコストが低下したことがあるようです。

6　　第一部　分析と提言

3　脱炭素社会シナリオ2050

　2017年，システム技術研究所では，WWFジャパンからの依頼で最新のデータにもとづいて「脱炭素社会にむけた長期エネルギーシナリオ」の作成を行いました。COP21で決められたパリ協定では国別の温室効果ガス削減計画の提出が定められていますが，このWWFジャパンのエネルギーシナリオは，パリ協定のための日本の温室効果ガス削減計画に役立つことを目指しています。

　この5年間に，世界では「100％自然エネルギー」というテーマが大きな話題になりはじめています。国際会議が開かれ，3月には日本でも衆議院議員会館で「100％自然エネルギー推進会議」が行われました。日本の自然エネルギーの現状をみると，電力供給のうち水力は8％，風力や太陽光は増えつつありますが，まだ5％程度です。しかし世界中で「国内の自然エネルギーでかなりのことができるのではないか」と考える人たちが増えています。

　「100％自然エネルギー」というのは，文字通り必要なエネルギー供給をすべて自然エネルギーで行うことを意味しています。自然エネルギー100％にすれば，国内で自給自足が可能になり，化石燃料を輸入する必要がなくなり，温室効果ガスの排出がゼロになり，原子力をなくして安全なエネルギーシステムにすることができます。

　この長期エネルギーシナリオ報告で採用した方法は図1のようなものです。まず，2050年に至る人口減少社会，持続可能な社会へ移行する様子を検討し，その活動から生じるエネルギー需要を推定し，これに省エネルギー技術を適用

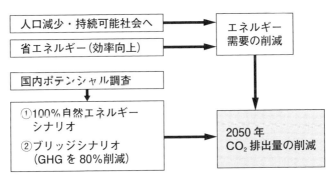

図1　WWFジャパンの脱炭素社会「長期エネルギーシナリオ」

して将来のエネルギー需要を削減する計算を行いました。

次に，国内にある自然エネルギーのポテンシャルと導入見通しに関する公式調査を検討しました。その調査結果を参照しつつ，削減したエネルギー需要を満たすための自然エネルギーの規模を検討しました。二酸化炭素排出をゼロにする「100％自然エネルギーシナリオ」だけでなく，1990年比で温室効果ガス（GHG）80％削減を行う「ブリッジシナリオ」も検討しています。「ブリッジシナリオ」は，政府が閣議決定した「2050年に80％削減」という目標を実現するシナリオです。2050年にも化石燃料が残りますが，「100％自然エネルギーシナリオ」につなげてゆくシナリオと考えています。

4　将来のエネルギー需要

日本はこれからのエネルギー供給をどうすればよいのでしょうか。化石燃料の枯渇，地球温暖化問題を考えると，その方法は，エネルギー利用効率を高めてエネルギー消費を減らし，国内にある再生可能な自然エネルギーを利用することです。自然エネルギーには安全性，持続可能性，エネルギー自給率の向上，二酸化炭素排出の削減などの優れた可能性があります。しかし，これに対して，供給の変動，エネルギーの資源量，コストなどに問題があるとされてきました。2050年を目標年にして，具体的なシナリオを通じて，この問題を考えてみたいと思います。

図2　将来のエネルギー需要の推定

将来のエネルギー需要は，**図 2** に示すように，基準年のエネルギー需要，将来の活動指数，それに効率向上の積で決まると考えられます。活動指数はエネルギーの最終用途ごとに適切なマクロ経済指標から推定します。まず公表されている報告の活動指数を見てみましょう。日本エネルギー経済研究所のレポート「アジア／世界エネルギーアウトルック」によれば，2050 年には 2013 年に比較して実質 GDP は 1.6 倍に増加すると予測されています。しかし特段の対策を取らないとしても，2050 年における日本の最終エネルギー消費量は現状よりも小さくなると想定されています。40 年の間に，人口や世帯数の減少，産業構造の変化など，日本はいろいろな面で変化しますが，これを BAU（Business as Usual）シナリオとして参照しながら，将来の活動指数，効率向上を検討してエネルギー需要を計算しました。

1）2050 年にいたる社会と活動指数

　まず生じる大きな変化は人口の減少です。公式の見通しでは 2010 年から 2050 年まで日本の人口は 76％に減少します。この傾向を変えるような抜本的な対策は見当たらないようです。人口が減少すると，エネルギーと材料資源の消費が減少してゆきます。

　GDP はどうなるでしょうか。高度成長経済の時代には GDP とエネルギーとが比例的な関係を持っていました。しかし，21 世紀に入ってからは両者の関係は消滅し，多くの先進国で「デカップリング」（資源消費と経済成長の絶対的分離）が生じたといわれています。すでにかなりのレベルまで生活水準が向上しているので，これ以上エネルギー消費は増えそうにありません。情報化社会やサービス社会への変化によって GDP は大きくできますが，物理的なエネルギーや資源消費は減少することでしょう。オフィスの維持や高度なコミュニケーションのために一部の活動は増えるものもありますが，産業は重厚長大からサービスや情報分野へと移行し，カーシェアリングやエコドライブが普及してスマートにエネルギーを使うようになると思われます。エネルギーの最終用途について，それぞれが関係する社会経済活動が縮小することを考慮すると，人口，世帯数，粗鋼生産量などの減少によって，2050 年の活動指数は 2010 年比でおよそ 80％に減少してゆくと想定しました。

2) 省エネルギー技術の適用による需要の削減

　将来のエネルギーを考えるときに，最も重要であるにもかかわらず軽視されているのは，省エネルギーです。エネルギー効率を上げる機会がたくさんあるのに，省エネルギーは地味なものであり，見かけの派手なエネルギー供給技術にばかり注目する傾向があります。「日本は省エネルギーが進んでいるので，乾いた雑巾をもう絞ることはできない」という常套句がありますが，状況は変化しています。エネルギー価格が高くなれば，あるいは技術が進歩すれば，それに対応した省エネルギー技術が実際に導入されます。日本は「乾いた雑巾」とばかり言ってきたので，省エネルギーに関してすでに世界中でも遅れた国になっています。省エネルギー技術を見ながら，日本の将来のエネルギー需要を見直してみましょう。

　家庭部門では，住宅の断熱化により暖冷房需要が 36% になるほか，エアコン，LED 照明，電気製品が 2〜4 倍の効率になるとされており，2050 年の電力需要は 2010 年の半分程度になります。LED 照明は，白熱灯の電力を 10 分の 1 に，蛍光灯の電力消費を半分にします。すでに白熱灯と蛍光灯の生産停止を発表したメーカーもあります。電気冷蔵庫の電力消費は 10 年前の半分になりました。普及するのに時間がかかっていますが，2050 年にはさらに高効率になり広く普及していることでしょう。ヒートポンプ温水器やエアコンの効率が上昇し，電力消費がさらに小さくなると予想されています。

　ZEH（ゼロエネルギーハウス）や ZEB（ゼロエネルギービル）の設計・建設が始まっています。断熱性の高い構造にして暖冷房エネルギー消費を削減し，屋根や壁に設置した太陽光パネルからの電力を利用する住宅やオフィスビルが増加してゆくものと考えられます。

　次に業務部門では，断熱化によりオフィスのエネルギー消費が 50〜75% になるほか，暖冷房需要が 35% に低減します。照明は LED による局所照明とアンビエント照明の普及により効率が 4 倍になります。OA 機器は電力消費が 50% になるほか，テレビ会議の導入が航空機利用を代替し，移動に伴うエネルギー消費を減らすことになるでしょう。合計すると，2050 年の業務用エネルギー需要はおよそ，2010 年の半分になると予測されます。

　産業部門では，鉄鋼生産については，現状では鉄鉱石から鉄鋼を生産する高

省エネルギーシナリオ
効率向上の可能性：家庭部門と業務部門

	家庭部門		業務部門
断熱化	ZEH（ゼロエネルギーハウス）や次世代の省エネ基準が普及し，戸建＋集合住宅の暖冷房需要が現状の36％に低下する	暖冷房	ZEB（ゼロエネルギービル）や断熱化により，現状から50～70％に低下。エアコンCOPが2倍になり，暖冷房需要は35％に低減
エアコンCOP	COPが現状の3～4から6～7へ，効率が2倍になる	照明	暖冷房を除く電力の50％が照明。LEDタスク＋アンビエント照明の普及で効率4倍に
照明	白熱灯と蛍光灯はなくなり，LED電球が広く普及。現状の4倍の効率になる	OA機器	ハードディスクに代わってフラッシュメモリーが普及しデータセンターの電力消費は1/3に低下。OA機器の電力消費が50％に低減
電気製品	高効率の電気冷蔵庫の普及。家電製品は半導体の電力損失低減により，現状の半分の電力消費になる	TV会議	航空機利用の10％がスカイプ会議へ移行するとエネルギー消費が2％に低減，ここへ計上

図3　家庭部門と業務部門の省エネルギー

省エネルギーシナリオ
効率向上の可能性：産業部門と運輸部門

	産業部門		業務部門
鉄鋼業	電炉のエネルギー原単位は高炉の1/4に，リサイクル率は70％になり，エネルギー消費は35％に低減する	カーシェアリング	5％に普及，80％の省エネになる
化学・窯業・紙パルプ	生産量が減少してゆくが，省エネルギー機器の導入により効率が30％向上する	エコドライブ	20～40％に普及，6～15％の省エネ
		軽量化，PHVからEV/FCVへ	すべての自動車が軽量化され，効率70％以上に向上したEVとFCVになる
分野横断技術	インバータ制御モータの広範な導入により，効率が30％向上する	モーダルシフト	貨物自動車の需要の15％が鉄道と海運へモーダルシフト
		航空機	CFP軽量化により30％の効率向上，旅客の10％がスカイプ会議へ移行

図4　産業部門と輸送部門の省エネルギー

炉鋼の割合は70～80％程度ですが，リサイクル鉄の割合が増加し，鉄鋼素材輸出の減少によって，30～40％に縮小することができると考えられます。高炉生産が減少すれば，石炭の消費を削減できます。

　工場の電力消費の最大の用途は3相誘導モータの使用であり，産業用電力消費の70％を占め，日本の電力需要のおよそ55％を占めています。使用されて

いる3相誘導モータは，推定で1億台あり，その台数の内訳は，ポンプ38％，コンプレッサ23％，ファン13％，動力伝達9％，金属工作機械7％となっています。

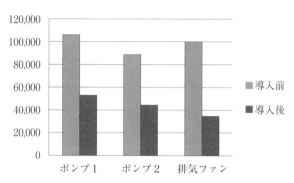

図5　ポンプとファンのインバータ制御の導入による電力消費の減少

FEMS事例集，平成26年度　京フェムス推進事業，一般社団法人 京都産業エコ・エネルギー推進機構

　このファンやポンプにインバーター制御を適用すると，消費電力を電子的に制御するので電力消費は半分以下になります。例として，冷却水ポンプ（45kW×2基）をインバータを用いてつねに適切な水量に制御すると，50％の省エネルギーを達成しています。投資額は701万円，年間170万円を回収，投資回収期間は4.12年です。また風量を手動で設定している75kWの排気ファンにインバータ制御を導入した例があります。その結果，65％の省エネルギーが達成され，投資額は296万円，年間114万円を回収，投資回収期間は2.6年です。

　産業部門では，主要な材料資源の製造にエネルギーを投入しています。しかし，金属，セメント，紙，プラスチックなどの節約技術やリサイクルが進展して，必要なエネルギー投入が小さくなります。

　自動車については，エコドライブやカーシェアリングの普及が自動車のエネルギー需要を削減することになると予想されます。技術的には車体の軽量化も効果的です。ガソリンや軽油を爆発的に燃焼させて往復するピストンで動く現状の内燃機関の効率は13％程度ですが，EV（電気自動車）は90％，FCV（燃料電池車）では水を電気分解してつくる水素で発電するときの変換効率を考慮

しても50％程度です。2050年には内燃機関の自動車は消滅し，すべての自動車がEVかFCVになるとしました。いずれも電気駆動になるため損失が少なく，動力回収ブレーキが利用できるので効率が向上します。2050年にはほぼ人口に比例して自動車の台数が減少するとしました。

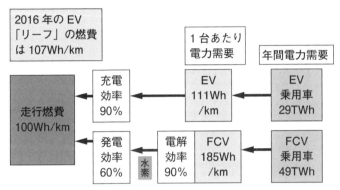

図6　余剰電力による自動車用エネルギーの供給

　EVとFCVの優劣は簡単に議論できないので，2050年には，その台数が50％ずつに普及するものと想定しました。2050年に乗用車＋貨物自動車は5840万台になり，EVとFCVは各2920万台を想定しました。ニッサンのEV「リーフ」は，現在走行燃費107Wh/kmと報告されています。将来の乗用車の走行燃費100Wh/kmとすると，水素生産の効率の違いから，乗用車の電力需要はEVで29TWh，FCVで49TWhと推定しました。この自動車用のエネルギーの一部には後述するように，太陽光と風力からの余剰電力を利用します。

　運輸部門では，このほかに航空機の軽量化が進みます。2050年には貨物自動車の需要の15％は，鉄道と海運へモーダルシフトするでしょう。

　このように効率の高い技術を思い切って広範に適用することで，最終エネルギー消費の原単位を現状より30％削減することが可能だと考えられます。

　このほか，実際の計算には含めていませんが，ライフスタイルの変化も影響してくるでしょう。若い世代に新聞の購読や車の購入が若い世代で少なくなっているので，場合によってはこの計算よりさらにエネルギー消費が小さくなっていくかもしれません。

　以上のような省エネルギー技術が広く普及すると，2050年の最終用途エネ

各シナリオの最終エネルギー需要

	2010	2020	2030	2040	2050	2050/2010
BAUシナリオ	14,698	15,215	14,892	14,084	13,272	90.3
活動指数変化のみ	14,698	14,663	14,010	13,314	11,886	80.9
ブリッジシナリオ	14,698	13,751	12,275	10,858	8,951	60.9
100%シナリオ	14,698	13,398	11,606	9,918	7,822	53.2

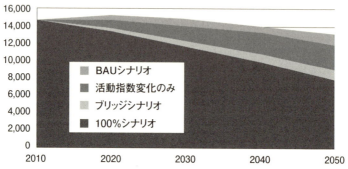

図7　各シナリオの最終用途エネルギー需要の変化（単位：PJ）

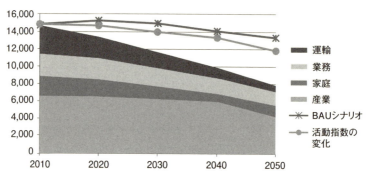

図8　部門別最終用途エネルギーの推移（単位：PJ，100％自然エネルギーシナリオ）

ルギー需要を小さくできます。図7に示すように，BAUシナリオに比較して，社会の活動度の減少で81％に，省エネルギー技術の効率向上でさらに20～30％の削減が可能になります。図8に示すように2050年の最終用途エネルギー需要は2010年に比較して「ブリッジシナリオ」では61％に，「100％自然エネルギーシナリオ」では53％に低下するものと想定しました。エネルギー需要が小さくなれば，供給量が小さくなってきます。

以上をまとめると，2050 年には人口の減少で活動指数が 20％減少，省エネ
ルギー技術で 30％減少することから，全体としてエネルギー消費は半減する
と予想されます。

5　自然エネルギーのポテンシャルと導入見通し

　次に，自然エネルギーポテンシャルと導入見通し，自然エネルギーによる供
給について検討しましょう。

　政府や関連団体から自然エネルギーのポテンシャル調査や導入見通しが発表
されています。導入見通しは，現実的な条件を考慮したものであり，ポテンシ
ャル（潜在量）のうちの一部になります。この 5 年間の大きな変化は，ポテン
シャルと導入見通しの数字が非常に大きくなっていることです。かつてエネル
ギーシンポジウムの席で電力会社の技術者から「日本では太陽光発電は 1000
万 kW 以上にはできない」という「根拠のない話」を聞かされていたころが
思い出されます。

　ポテンシャル調査を見ると，太陽光発電は 7 億 kW（NEDO），風力発電は
16.8 億 kW（環境省），水力発電は 4600 万 kW（資源エネルギー庁）など，か
なり大きな数字が報告されるようになっています。カッコ内はデータの出所で
す。現在の日本の発電所の合計規模がおよそ 2 億 kW ですから，その大きさ
が分かると思います。2050 年の導入見通しをみると，太陽光発電は 2 億 5000
万 kW（太陽光発電協会），風力発電は 7500 万 kW（日本風力発電協会）など
となっています。

1）太陽光発電

　太陽光発電のポテンシャルには，日照が得られる場所であればどこでもよい
ので，限界はないとする見方があります。NEDO は耕作地の 10％を含めて 7
億 kW のポテンシャルを示しています。導入見通しについては，JPEA（太陽
光発電協会）は 2050 年に 2 億 5000 万 kW，100 年後の 2115 年には 7 億 kW
としており，環境省は 2050 年高位として 2 億 7250 万 kW を示しています。
後述するように欧米では，道路に太陽光発電パネルを設置する技術開発が行わ

第 1 章　自然エネルギーを中心とする日本のエネルギー計画　　15

図9 太陽光発電のポテンシャルと導入見通し

れていますので，この導入見通しの数字は上方修正されることと思います。

2) 風力発電

環境省による平成22年の調査では，陸上に2億8293万kw，洋上に15億7262万kwのポテンシャルがあるとしています。陸上では北海道，洋上では九州が最大とされています。

導入見通しについてみてみると，2050年には，陸上と洋上を合計すると7000～7500万kWの規模の数値が示されています。風力発電に関しては，洋上風力をどれだけ増やせるかに関心が集まっています。洋上では年間の設備利用率が大きくできるので，風車の経済性が向上します。鹿島灘では着床型の風車，福島沖では洋上浮体風車の発電が進行中です。

資源エネルギー庁によれば，包蔵水力は1356億kWhあり，これは現状の

1.42倍になります。

　地熱発電は現在は50万kWですが，ポテンシャルは3063万kWになっています。海洋エネルギーは1800万kWの規模の導入見通しが想定されています。ここでは，海洋エネルギーとしては波力発電を検討しました。

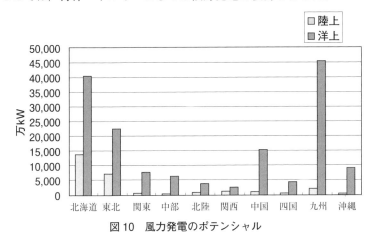

図10　風力発電のポテンシャル

H22年度　再生可能エネルギー導入ポテンシャル調査（環境省）

風力発電の導入見込み量（万kW）

	2020年高位	2030年高位	2050年高位
陸上	1,100	2,370	3,500
洋上（着床）	140	320	800
洋上（浮体）	83	560	2,700
合計	1,323	3,250	7,000

H26年度2050年自然エネルギー等分散型エネルギー普及可能性検証検討受託業務（環境省）

風力発電の将来ビジョン（単位：万kW）

年	陸上	洋上（着床）	洋上（浮体）	合計
2010	245	3	0	248
2020	1,020	60	10	1,090
2030	2,660	580	380	3,620
2040	3,800	1,500	1,290	6,590
2050	3,800	1,900	1,800	7,500

日本風力発電協会（JWPA）

図11　風力発電の導入見込み量

3) 水力発電その他

水力発電

水力発電 万kW	2020年高位	2030年高位	2050年高位
大規模水力	1,146	1,146	1,251
中小規模水力	1,188	1,420	1,884
合計	2,334	2,566	3,135

H26年度 2050年自然エネルギー等分散型エネルギー
普及可能性検証検討受託業務（環境省）

区分	地点数	出力（万kW）	年間発電量（億kWh）
既開発	1,984	2,795	952
工事中	54	37	11
未開発	2,718	1,897	472
合計	4,753	4,606	1,356

包蔵水力（一般水力と混合揚力の合計） H27年3月31日
現在（資源エネルギー庁HPより）（工事にともなって廃止
される発電所があるため合計は一致しない）

地熱発電

地熱発電 万kW	2020年高位	2030年高位	2050年高位
大規模地熱	59	168	636
温泉	23	73	156
合計	82	241	792

H26年度 2050年自然エネルギー等分散型エネルギー
普及可能性検証検討受託業務（環境省） ゾーニング調
査では導入ポテンシャルは3063万kWになっている。

海洋エネルギー

海洋 万kW	2020年高位	2030年高位	2050年高位
海洋エネルギー	0	349	1,395

H26年度 2050年自然エネルギー等分散型エネルギー
普及可能性検証検討受託業務（環境省） みずほ総研
の報告ではポテンシャル1800万kWとしている。

図12 水力発電，地熱発電，海洋エネルギーの導入見通し

6 自然エネルギーによる供給

さて，こうしたエネルギー需要に対して，日本にある再生可能エネルギーとして，水力発電，地熱発電，太陽光，風力などを組み合わせて供給することを検討します。

また太陽光発電に関しても，既存の建物の屋根や壁，空いている土地のどこにでもパネルをつけようと思えばつけられるので，じつは限界はないに等しいのです。ライフサイクル・アセスメントによると，太陽光パネル1kWに投入したエネルギーを回収できる年数は，結晶型シリコンで1.5年，アモルファス・シリコンで0.7年となっています。1990年代にはこの数値は5年程度と言われていましたが，量産によって格段に状況は変わっています。風力でも，おおむね1年以内で回収できる技術に到達しています。

1) 道路に太陽光発電

オランダ北部のクロメニーでは，2014年11月，自転車道路に，2.5m×3.5mのコンクリート製発電モジュールを設置しています。長さ70mで140kWの発電を開始しており，電力網へつないでいます。モジュールは高強度で耐久性が高いガラス材料を利用しています。

18　第一部　分析と提言

米国のソーラー・ロードウェイ社は，道路に耐久性の高いガラスを使用した太陽光発電パネルを埋め込んで発電する計画を立てています。道路や駐車場で発電した電力で米国の全電力需要を満たせるとしています。試作した六角形のソーラー・ロードウェイ・パネルを敷き詰める。1日に4時間の太陽光によって12フィート平方の面積で7.6 kWhの電力を発電する。最初はスーパーマーケットの駐車場などが適地ですが，2014年，運輸省の予算を獲得して，アイダホ州サンドポイントで実際の設置を開始しています。

図13　自転車道路に太陽光発電

フランスのColas社は大手の道路舗装企業であり，フランス国立太陽エネルギー研究所と5年間の共同研究の結果，道路で太陽光により発電する「Wattway」（特許）を開発しました。道路は時間の10％しかクルマに占有されていないので，活用できるというのです。タイヤのグリップを保持する安全性と，耐久性が高い数ミリの厚さの太陽光発電材料を層状に採用しています。普通の道路に特別な工事なしに施工できるとしています。

そこで日本の再生可能エネルギーの可能性を，図14のようにまとめてみました。現在の国内の自然エネルギーの規模を見てみると，まだまだ未開発のポテンシャルが多くあります。日本の太陽光発電は急激に増えており，2016年までに運転を開始したのが住宅用とメガソーラーで3340万kWあります。多くの企業が工場や倉庫の屋根にパネルの設置を計画し，設備認定量は8000万kWを超えています。現在は価格がFITにより支えられていますが，おそらく2020年ごろには既存の電力価格との差がなくなっていると考えています。発電コストはほぼ学習曲線に乗って低下しており，ここ数年では特に急激に下がってきています。パネルの製造に加えて，設置方法などの周辺技術の分野にも多くのメーカーが参入してきて工夫を重ねています。パネル自体のコストはじつは全体の4割で，残りの輸送や設置にかかる費用もまだまだ下げられると

見ています。

　次にバイオマスですが，家畜排せつ物や下水汚泥，食品廃棄物などの廃棄物バイオマス，林地残材や農作物の非食用部などの未利用バイオマス，森林やミドリムシなどのエネルギー作物などを合わせると，かなりの石油を代替できる可能性があるとされています。農業，漁業，林業が変われば十分に可能でしょう。

エネルギー源	2015 年度	最大ポテンシャル	WWFシナリオ
水力発電	2073万kW	4606万kW	4606万kW
太陽光発電	3340万kW	7億kW	4億5000万kW
風力発電（陸上・洋上）	317万kW	16億9800万kW	1億400万kW
地熱発電	54万kW	3063万kW	1000万kW
波力発電	0	1800万kW	1000万kW
バイオマス発電	409万kW	738万kW	600万kW
バイオマス熱利用	66PJ	973PJ（＊）	2200PJ

図14　日本の自然エネルギーの実績，ポテンシャル，導入見込み量

最大ポテンシャルデータ：再生可能エネルギーに関するゾーニング基礎情報整備報告書（環境省），NEDO の調査，「PV2030+」等による。
（＊）バイオマス熱利用の最大ポテンシャルは環境省調査による導入見込み量。

　バイオマスについてはポテンシャル調査を入手できませんでした。導入見通しとしては973PJ（ペタジュール，環境省）とあります。

　日本における過去のバイオマスの最大利用量は1940年に270PJ（石油換算662万トン）ですが，一般にこれは非商業的エネルギーと呼ばれる統計に載らないバイオマス利用があったと推定されるので，これが限界というわけではありません。ここでは陸上と海洋でエネルギー作物などバイオマス生産を行う可能性を含めて，2200PJ の供給を想定しました。

2）ソーラーアシストカー

　ところで自動車にも太陽光パネルを利用することを考えました。ソーラーアシストカーです。自動車は EV と FCV ですから電気駆動になります。そこで車両の屋根やボンネットに太陽光パネルを設置して，太陽光からの電力で年間の走行用エネルギーの20％を供給するものとしました。この方法に関しては，フォード社が2014年に，トヨタが2016年に180W の太陽光パネルを搭載した

PHVプリウスを発表しています。トヨタの試作車は，1日の太陽光からの電力で平均2.2km，最大6km走行可能としています。

図15　ソーラーアシストカー

3）太陽光と風力の補完関係

拡張AMEDAS2000は全国で842地点あり，1時間ごとの気象データがあります。842地点に太陽光発電を設置し，さらに風況のよい90地点を抽出してここに風力発電を設置して計算を行いました。太陽光発電は，各地点で年間最大発電量になるように，ユニットとして定格出力100kWの太陽電池パネルを南向き，傾斜角を「緯度－5」度に設定し，1時間ごとの水平面日射データを直達光と散乱光に分離し，設定した傾斜面に対する日射量をもとめ，1年間の発電量を計算しました。

風力発電は，ユニットとして出力2 MW，直径80m，ハブ高さ56m，カットイン風速3m/s，カットアウト風速25m/sの風車を90地点に設置するものとし，各地点の風速データを用いてハブ高さの風速を計算し，効率40％で1時間ごとの発電量を計算しました。太陽光と風力について，各地域の年間電力需要に比例した電力を供給するように，地域ごとにユニット数を配分しました。

太陽光と風力を組み合わせると効果的です。太陽光は昼間だけ有効，春から夏にかけて大きくなり冬は小さい，これに対して風力発電は24時間どの時間

でも発電していますが，季節的にみると，太陽光と逆であり，夏に小さく冬が大きくなっています。

図16と図17は，発電量が太陽光：風力＝2：1とした場合を示しています。

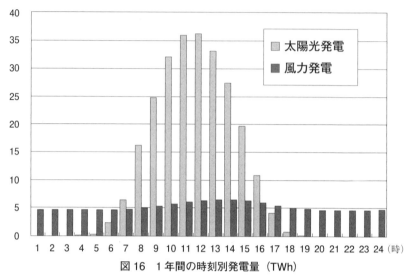

図16　1年間の時刻別発電量（TWh）

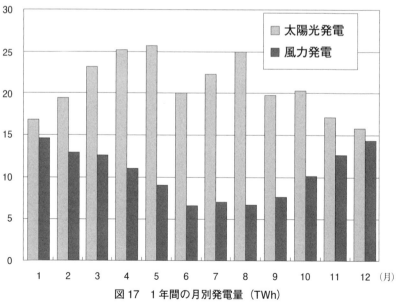

図17　1年間の月別発電量（TWh）

この割合は，電力需要に対して太陽光と風力を供給するときの最適な分担比を
もとめた結果得られたものです。**図 17** において，太陽光と風力発電の月別発
電量の最大／最小の比は，太陽光が 1.6，風力発電が 2.2 となっています。こ
れから風力発電は相対的に変動が大きいため，規模を大きくすると無駄が生じ
やすいと言えます。設備利用率は太陽光が 12.6％，風力発電が 27.2％になって
います。現状では洋上の気象データはないため，風力は陸上風力のみです。
将来，洋上風力が含まれれば，設備利用率が大きくなると予想されます。

4）ダイナミックシミュレータ

ダイナミックシミュレータは，地域ごとのエネルギー需給を気象データを使
って 1 時間ごとに 1 年間計算します。このシミュレータでは地域として，日本
全体あるいは，沖縄以外の 9 電力地域を設定できます。発電の不足が生じない
ように電力需要の 130〜160％を供給可能な発電設備を想定し，太陽光と風力
の変動から生じる発電余剰を自動車用燃料などに供給します。自動車用燃料を
取り上げる理由には，自動車用のエネルギーは高価でも受け入れやすいという
ことがあります。また変動する自然エネルギーの余剰分を利用するのに好都合
だからです。

太陽光や風力は変動するために，不足して停電になることを心配する人もい
ますが，バッテリーと揚水発電を利用して電力の需要と供給のミスマッチが生
じないようにすることができます。この状況を知るために，1 年間の 1 時間ご
との気象データを用いてシミュレーションを行って確認しました。太陽光や風
力などの電力の供給量を多くして不足が出ないようにします。

太陽光発電と風力発電の変動を，揚水発電（260GWh）とバッテリー
（300GWh）からの放電が補います。揚水発電の現存する容量は 26GW，10 時
間の貯蔵能力があり，新規の建設は考慮していません。バッテリーのコストに
ついては，電気自動車が普及している時代には，バッテリーは大量生産によっ
てかなりコストが低下していると予想しています。水力発電は午後から夜間の
ピークに当てます。地熱発電は 1 年中一定の電力を供給します。余剰分は揚水
発電／バッテリーへの充電，FCV 用電解水素の生産，EV の充電，産業用高
温熱，ヒートポンプで熱需要に利用します。

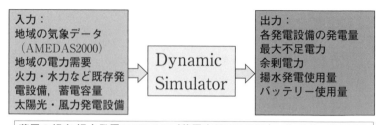

図18　ダイナミックシミュレータ

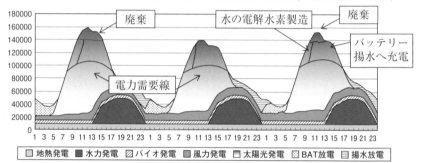

図19　2050年自然エネルギーによる電力供給（3日間）
日本全国842地点の拡張アメダス2000気象データを使用

5）余剰電力の利用

エネルギー問題というと電力の問題だけが取り上げられますが，最終用途のエネルギーをみてみると，じつは燃料として消費されるエネルギーは電力の3倍になります。しかしこれを投入側の一次エネルギーでみてみると，電力の多くは発電効率35〜40％程度で化石燃料を燃焼して，残りは廃熱として捨てています。このため一次エネルギーで見ると，投入するエネルギーの40％が電力向けとなっています。将来の再生可能エネルギーに移行した世界では，太陽光や風力などは発電損失を計上する必要はなくなるので，最終用途のエネルギー需要を中心に議論すればよいことが分かります。

電力だけではなく燃料や熱についてもすべて自然エネルギーで供給します。

日本における最終消費の燃料や熱のエネルギー需要は，電力の約2倍あります。自然エネルギーによる発電を相当量増やし，余剰電力を燃料や熱に置き換えて供給します。直接，自然エネルギーから燃料や熱を供給する技術としては現在，太陽熱とバイオマスを利用します。このふたつのエネルギー源以外に，電力の余剰で水素を作り輸送用の燃料電池車に，あるいは直接，電力を電気自動車に供給する，またヒートポンプで電力を熱に変換し，産業用や民生用にあてることで燃料用のエネルギーを供給します。ヒートポンプは，太陽熱をベースにした熱を汲み上げることができます。

7　二つのシナリオ

2050年までのエネルギー需要に対応するエネルギー供給を検討しました。国内にある自然エネルギーのポテンシャルと導入見通しを参照しつつ，削減したエネルギー需要を満たすための自然エネルギーの規模を検討しました。シナリオをふたつ作成しています。

二酸化炭素排出をゼロにする「100％自然エネルギーシナリオ」と，1990年比で温室効果ガス（GHG）80％削減を行う「ブリッジシナリオ」のふたつです。「ブリッジシナリオ」は，政府が閣議決定した「2050年に80％削減」という目標を実現するシナリオです。2050年に化石燃料が残りますが，「100％自然エネルギーシナリオ」につなげてゆくシナリオと考えています。以下にその内容をみてみましょう。

「100％自然エネルギーシナリオ」では純粋電力需要に対して160％の発電，「ブリッジシナリオ」では130％の発電を行う計画です。不足はしないのですが，余剰が発生することになります。発生する電力の余剰部分を，電気自動車用の電力に供給し，水を電気分解して水素にして燃料電池車の燃料に，あるいは産業用の高温熱需要に供給します。さらに余剰電力を使ってヒートポンプで低温熱を供給します。

第1章　自然エネルギーを中心とする日本のエネルギー計画　　25

1）ブリッジシナリオ

　ブリッジシナリオでは，2050年には，石油，石炭，ガスが残り，メタンなどを含めて20％のCO_2排出があります。その他は，太陽光，風力，バイオマスが主要な供給源になります。

　ブリッジシナリオでは化石燃料を目的に応じて柔軟に利用することを考えています。石炭を高炉鉄生産用に（電炉比は60％と想定），石油を産業用高温熱燃料と航空燃料に，ガスを業務ビルと家庭用に供給するとしています。

　ブリッジシナリオの一次エネルギー供給構成は，2030年には石炭，石油，天然ガスが合計で77％を占めています。太陽光と風力は合計でまだ12％とシェアは大きくありません。

　ブリッジシナリオの一次エネルギー供給構成をみると，2050年には石炭6％，石油8％，ガス12％，太陽光27％，風力13％，バイオマス13％，地熱が4％となっています。石炭，石油，天然ガスの化石燃料合計は26％に低下し，代わって太陽光と風力の合計は40％に増加しています（なおここで一エネルギーの計算ですが，化石燃料の場合には発電効率40％を想定して発電損失を計算しています。自然エネルギーの発電では発電損失はないのですが，化石燃料の発電との整合性を保つために，自然エネルギー発電効率を40％とみて，発電量の物理的量の2.5倍を計上して一次エネルギーとしています。これは100％自然エネルギーの場合にも同様です）。

　電力供給構成の時間経過を見ると，2030年ごろから，燃料用に供給する電力が増加し始めます。変動する太陽光と風力から生じる余剰電力を，EV用電力とFCV用水素へ供給します。さらにヒートポンプにより低温熱供給に向けられます。

　ブリッジシナリオでは，2050年には，太陽光3億5930万kW，風力8360万kWの規模になります。2050年には年間純粋電力需要は689TWhになります。揚水発電とバッテリーにより充放電損失が生じます。余剰電力は，電力需要の32％に達しています。

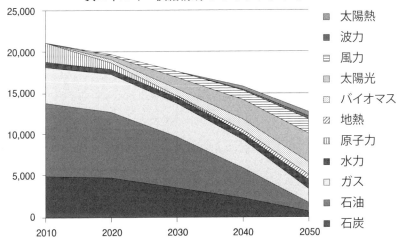

図20 「ブリッジシナリオ」の一次エネルギー構成（2010-2050）
単位：PJ（ペタジュール）

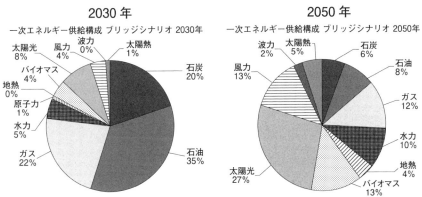

図21 2030年と2050年の一次エネルギー構成（ブリッジシナリオ）

第1章 自然エネルギーを中心とする日本のエネルギー計画　27

ブリッジシナリオの電力供給構成

発電構成（TWh）	2010	2020	2030	2040	2050
石炭	322	250	190	100	0
石油	107	85	70	60	0
ガス	233	225	180	130	70
水力	83	90	97	110	135
原子力	288	108	33	0	0
地熱	3	4	7	37	61
バイオマス	15	23	32	42	45
太陽光	0	50	98	150	235
風力	0	16	40	66	118
波力	0	0	0	13	26
純粋電力への供給計	1,051	850	747	708	691
太陽光（燃料むけ）	0	3	60	110	140
風力（燃料むけ）	0	2	30	50	70
燃料用を含む電力合計	1,051	855	837	868	901

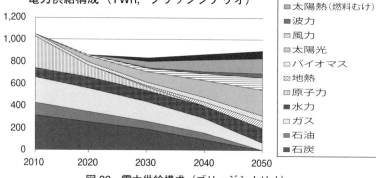

図22　電力供給構成（ブリッジシナリオ）

ブリッジシナリオの電力供給容量と発電量（2050年）

発電構成	発電容量 GW	発電量 GWh/年	シェア（%）
太陽光発電	359.3	393,235	57.0
風力発電	83.6	194,268	28.2
水力発電	46	135,241	19.6
地熱発電	14	60,997	8.8
波力発電	10	25,999	3.8
ガス火力発電	20	71,341	10.3
バイオマス発電	10	49,053	7.1
合　　計		930,134	134.8

図23　2050年の電力供給構成（ブリッジシナリオ）

28　第一部　分析と提言

2) 100％自然エネルギーシナリオ

100％自然エネルギーシナリオでは，2050年には化石燃料消費はゼロになり，太陽光，風力，バイオマス，水力，太陽熱，波力発電などが主要な供給源になります。

100％自然エネルギーシナリオの一次エネルギー供給構成は，2030年には石

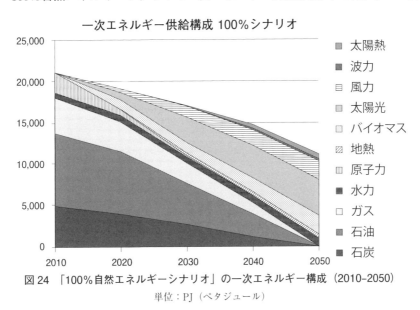

図24 「100％自然エネルギーシナリオ」の一次エネルギー構成（2010-2050）
単位：PJ（ペタジュール）

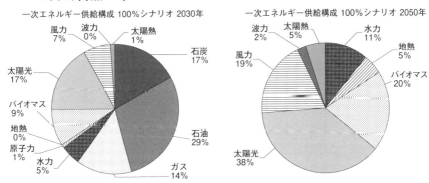

図25 2030年と2050年の一次エネルギー構成（100％シナリオ）

炭，石油，天然ガスが合計で60％を占めています。太陽光と風力は合計でまだ24％とシェアは大きくありません。2050年になると，化石燃料はゼロとなり，太陽光38％，風力19％，バイオマス20％，地熱が5％となっています。

100％自然エネルギーシナリオの電力供給構成

発電量構成（TWh）	2010	2020	2030	2040	2050
石炭	322	250	190	66	0
石油	107	90	70	55	0
ガス	233	210	180	100	0
水力	83	90	97	105	135
原子力	288	108	33	0	0
地熱	3	4	7	37	61
バイオマス	15	23	32	42	45
太陽光	0.0	50	98	150	235
風力	0	16	40	66	118
波力	0	0	0	13	26
純粋電力への供給計	1,051	840	747	635	245
太陽光（燃料むけ）	0	15	80	160	621
風力（燃料むけ）	0	8	40	95	122
燃料用を含む電力合計	1,051	863	867	889	988

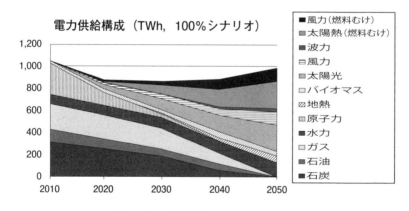

図26　電力供給構成（100％シナリオ）

ブリッジシナリオと同様に，2030年ごろから，燃料用に供給する電力が増加し始めます。この電力は，変動する太陽光と風力から生じる余剰電力を，EVの電力とFCVなどの水素として供給し，さらに，ヒートポンプによる低温熱供給を行います。

100％自然エネルギーシナリオの電力供給容量と発電量（2050 年）

発電構成	発電容量 GW	発電量 GWh/ 年	シェア（%） %
太陽光発電	444.7	486,696	79.3
風力発電	104	242,027	39.04
水力発電	46	135,241	21.81
地熱発電	10	60,997	14.03
波力発電	10	25,999	4.19
ガス火力発電	0	0	0
バイオマス発電	10	49,056	7.91
合　計		1,000,016	166.28

図27　2050 年の電力供給構成（100％シナリオ）

　100％自然エネルギーシナリオでは，2050 年には，太陽光 4 億 4400 万 kW，風力 1 億 400 万 kW の規模になります。2050 年には，年間純粋電力需要は620TWh になります。揚水発電とバッテリーにより充放電損失が生じます。余剰電力は，電力需要の 60％に達しています。これを自動車用電力と水素に，直接的に高温熱需要に，ヒートポンプで低温熱需要向けに供給します。

8　温室効果ガスの排出量

　温室効果ガスの排出量を見ると，以下のようになりました。温室効果ガスとしては，CO_2 のほかに，メタンやフロンなどの「その他ガス」がありますが，以下には CO_2 換算でその数値を示します。

　ブリッジシナリオにおける 2050 年の CO_2 排出量は，石炭から 6200 万トン，石油から 6000 万トン，天然ガスから 6800 万トン。合計は 1 億 9000 万トンであり，「その他ガス」からの 6400 万トンを加えると，2 億 5400 万トンになります。これは，基準年の 1990 年の CO_2 排出量からの 80％の削減に相当します。この場合，鉄鋼生産用に石炭，輸送燃料用に石油，民生部門と産業部門の熱需要向けに天然ガスを利用するものと考えています。

　「100％自然エネルギーシナリオ」では，2050 年には化石燃料からの CO_2 はゼロになりますが，「その他ガス」からの排出量が 6400 万トン残ります。ただし，鉄鋼生産に水素が利用できるかは未知ですので，実現できなければ，石炭を利用する高炉技術が残り，5％ほどの CO_2 が残ります。鉄鉱石の電気分解技

ブリッジシナリオの温室効果ガス排出量

CO₂排出量（MtCO₂）	2010	2020	2030	2040	2050
ブリッジシナリオ計	1304	1214	961	648	254
石炭	402	382	291	186	62
石油	544	494	376	224	60
ガス	193	199	179	148	68
その他ガス	166	140	115	89	64

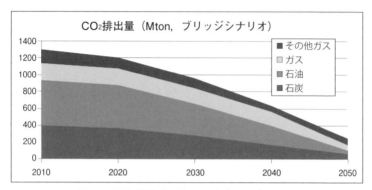

図28　温室効果ガス排出量（ブリッジシナリオ）

100%自然エネルギーシナリオの温室効果ガス排出量

CO₂排出量（MtCO₂）	2010	2020	2030	2040	2050
100%シナリオ計	1304	1098	759	428	64
石炭	402	329	227	117	0
石油	544	461	309	164	0
ガス	193	167	108	58	0
その他ガス	166	140	115	89	64

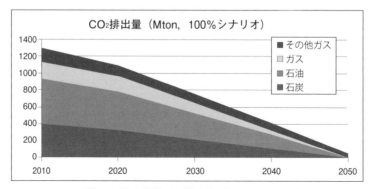

図29　温室効果ガス排出量（100%シナリオ）

術が MIT で研究されています。またドイツでは高炉に水素を吹き込む構想が
あると聞いています。こうした技術開発に期待しています。

100％自然エネルギーシナリオにおける 2050 年の CO_2 排出量は，化石燃料
からの排出はゼロ，「メタンなどその他ガス」からの排出 6400 万トンのみにな
り，1990 年の CO_2 排出量の 5％に相当します。ただし，2050 年に鉄鋼業の石
炭を水素に代替する技術や電気分解製鉄は未知であり，実用化されなければ約
5％は残るかもしれません。

9 費 用

このシナリオの費用を算出するために，エネルギー価格の推定を行いました。
海外の専門機関の資料などを参照して，将来の化石エネルギー価格を想定し，
学習曲線を利用して各種エネルギーの電力価格を計算しました。これを用いて
省エネルギーと自然エネルギーの導入費用を計算しました。

1) エネルギー価格の想定

国際的な化石燃料価格については，①米国エネルギー省，②アジア世界エネ
ルギーアウトルック（日本エネルギー経済研究所），③ World Energy Outlook
(IEA) の新政策シナリオの 3 種を参照しました。

① US/DOE EIA 2016	2012	2020	2030	2040	2040/2012 (%)
参照ケース	113	79	106	141	125
低位ケース	113	58	69	76	67
高位ケース	113	149	194	252	223
②アジア世界エネルギーアウトルック	2015	2020	2030	2040	2040/2012 (%)
参照ケース	60		100	125	208
低位ケース	60		75	80	133
③ World Energy Outlook IEA 2016	2015	2020	2030	2040	2040/2012 (%)
新政策シナリオ	51	79	111	124	243
現行政策シナリオ	51	82	127	146	286
450 シナリオ	51	73	85	78	153

図30　エネルギー価格の参照値

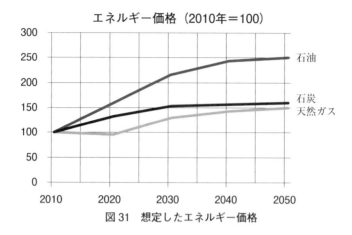

図31　想定したエネルギー価格

このうち，③World Energy Outlook（IEA）の新政策シナリオに沿って，石油価格は2040年に2015年の2.43倍になるものとしました。2050年については，この傾向を外挿して石油価格は現状のおよそ2.5倍になるものと推定しました。石炭と天然ガスの価格は，2010年比で2050年には，1.5倍程度としました。

2）太陽光発電の学習曲線

本報告では，2050年までに自然エネルギーが大量に普及してゆくことを想定しています。将来のWWFシナリオの自然エネルギーの将来価格は，固定価格買取制度（2012年7月開始）の価格と コスト等検証委員会を参考にして，学習曲線を利用して計算しています。

学習曲線の例として，太陽光発電システムの価格と累積導入量（1979～2015）の関係をみてみましょう。太陽光発電システムの価格の回帰分析結果は学習曲線に乗っていることを示しています。習熟率は累積生産量が2倍になった時のコスト低下の割合ですが，1979～2015年には82.6％であり，最近の2008～2015年には76.87％となっています。この習熟率を将来に延長することにより，将来のエネルギー価格を計算しています。

図33は，各種のエネルギー源の電力価格を計算したものです。

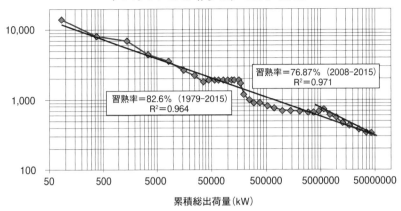

図32　太陽光発電コストと学習曲線

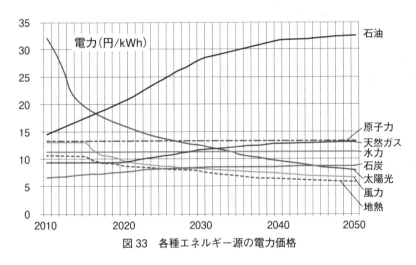

図33　各種エネルギー源の電力価格

3）費用の算定

「100％自然エネルギー」の40年間の省エネルギーと自然エネルギーの正味費用は以下のように計算します。

　　正味費用＝設備投資＋運転費用

項　目		A 設備投資 CapEX(兆円)	B 運転費用 CpEX(兆円)	C 正味費用 Net(兆円)
産業部門	省エネ	26.3	−88.9	−62.6
家庭部門	断熱化	41.5	−39.6	1.9
	照明	2.6	−9.6	−7.1
	エアコン	2.1	−5.9	−3.7
業務部門	省エネビル	16.1	−14.6	1.5
	照明	5.1	−4.4	0.7
乗用車		97.4	−117.6	−20.2
省エネ合計		**191.1**	**−280.5**	**−89.5**
純電力用	太陽光	53.4	−31.7	21.7
	陸上風力	6.1	−9.2	−3.2
	洋上風力	8.0	−8.7	−0.7
燃料用電力		76.7	−52.6	24.1
太陽熱		8.9	−40.2	−31.3
地熱		6.2	−7.4	−1.2
水力		15.1	−18.5	−3.4
自然エネルギー合計		174.4	−168.4	5.9
合計		365.4	−449.0	−83.5
年間平均		9.1	−11.2	−2.1

図34　100％自然エネルギーシナリオの費用の算定

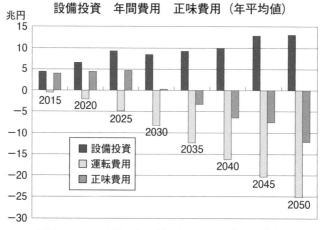

図35　100％自然エネルギーシナリオの費用の算定

設備投資の費用と運転費用の合計が正味費用になります。運転費用は BAU シナリオとの費用の差ですので，2050 年に向かって自然エネルギーコストが低下することによってマイナスになります。この結果，正味費用がマイナスになり，これは利益が出ることを示しています。

100％自然エネルギーシナリオの費用は，設備投資 365 兆円，運転費用は－449 兆円，正味費用－84 兆円であり，十分な投資効果があります。1 年間の平均投資額は 9 兆円になり，2050 年までの 1 年間の GDP の 2％弱になります。

10　おわりに

以上が，長期エネルギーシナリオの内容です。日本でも自然エネルギーを中心にした持続可能なエネルギーシステムが可能であることがわかりました。これをどのようにして実現するかが問題ですが，海外の事情を見ると，自然エネルギーのコストが劇的に降下していますので，予想よりも事態は早く進展しそうです。

人類の歴史を振り返ってみると，太古の時代に食糧に関して狩猟から農耕への文明の転換が生じたとされています。狩猟から耕作への転換がエネルギーに関しても生じていると思われます。これまでのエネルギー狩猟型文明は，地下から燃料（石油，石炭，天然ガス，核物質）を掘り出すものでした。そして二酸化炭素を排出し気候に影響を与えることがあきらかになりました。いつの日かこれら資源は枯渇することがわかっています。

エネルギー耕作型文明は，地上で太陽エネルギーを受けとめ，農業のように太陽光，風力，水力，太陽熱，バイオマスなどを利用します。エネルギー利用効率を高めてエネルギー需要を削減します。エネルギー耕作型文明は，天候に依存しますが気候に影響を与えないのです。

第 1 章　自然エネルギーを中心とする日本のエネルギー計画　　37

文　献

ここで紹介した長期エネルギーシナリオは，以下の WWF ジャパンのサイトからダウンロードできます。http://www.wwf.or.jp/activities/2017/02/1357627.html

槌屋治紀（1980）『エネルギー耕作型文明』東洋経済新報社

日本エネルギー経済研究所（2015）「アジア世界エネルギーアウトルック 2015」

U. S. Energy Information Administration（EIA）（2016）*Annual Energy Outlook 2016*

International Energy Agency（IEA）（2016）*World Energy Outlook 2016*

京都産業エコ・エネルギー推進機構（2015）「FEMS 事例集　平成 26 年度京フェムス推進事業」

経産省 調達価格等算定委員会（2016）「平成 28 年度調達価格及び調達期間に関する意見 平成 28 年 2 月 22 日」

日本エネルギー経済研究所 計量分析ユニット編（2016）『エネルギー・経済統計要覧 2016』省エネルギーセンター

環境省（2014）「H26 年度 2050 年再生可能エネルギー等分散型エネルギー普及可能性検証検討受託業務報告書」

槌屋治紀（2016）「太陽光発電システムコストの学習曲線による分析」『太陽エネルギー』（日本太陽エネルギー学会誌）42（5）：69-74

International Renewable Energy Agency（IRENA）（2016）*The Power to Change : Solar and Wind Cost Reduction Potential to 2025*

新エネルギー・産業技術総合開発機構（NEDO）（2014）『NEDO 再生可能エネルギー技術白書』

太陽光発電協会（JPEA）（2015）*Japan PV Outlook 2030*

環境省（2015）「H27 年度再生可能エネルギーに関するゾーニング基礎情報整備報告書」

槌屋治紀（2011）「日本における再生可能エネルギーによる電力供給法」『太陽エネルギー』（日本太陽エネルギー学会誌）37（6）：49-54

Tsuchiya, H.（2012）Electricity supply largely from solar and wind resources in Japan, *Renewable Energy* 48：318-325

Tsuchiya, H.（2015）*Sustainable Energy Strategy primarily involving renewable resources in Japan*, Eco Design 2015 International Symposium 2015, Tokyo, Japan

第 2 章

専門家委員会，市民討議，政策形成
エネルギー政策形成過程の日独比較

壽福眞美

1　はじめに

　エネルギーは，食べ物から物理的エネルギー（熱，交通燃料，電力）に至るまで，人間生活にとって必要不可欠である。とくに後者の問題は，2011 年 3 月 11 日の福島核電事故によって，核エネルギーと化石燃料を基幹とする従来どおりのエネルギー政策でいいのかどうかという根本的な疑問を投げかけている。他方，世界の大勢は，省エネルギー（エネルギー利用の削減と効率化）および再生可能エネルギーへの転換という新しい代替策に挑戦している。これは，地球生態系と人類の存亡にかかわる重大かつ長期的な挑戦である。

　日本は，依然として従来の政策の延長線上で将来のエネルギー政策も考えている。2014 年の「エネルギー基本計画」では，①「再生可能エネルギーの導入を最大限加速する」が，その目標はわずか全体の 20％，2140 億 kWh である（19〜20 頁），②核エネルギーは，「重要なベースロード電源」であり，核燃料サイクル政策も継続する（21 頁以下），③石炭，石油，天然ガス等化石燃料も引き続き「重要なエネルギー源」である（22〜23 頁），④電力システム改革は，小売自由化と発・送電分離を行う（52 頁以下），とされている。それを具体化した経済産業省の「長期エネルギー需給見通し（2030 年度）」（2015 年 7 月）は，次頁の図が示すように，①エネルギー需要（熱・交通燃料等 72％＋

電力28%）の削減が13%（2013年度比），1次エネルギー供給の構成が化石燃料（石油・石炭・天然ガス）76%，再生可能エネルギー13〜14%，原子力10〜11%であり，②電力需要の削減が17%，電源構成が化石燃料56%，再生可能エネルギー22〜24%，核エネルギー20〜22%であり，基本的に「従来どおりBAU（Business as usual）シナリオ」に立脚している（図1，図2）。また2017年8月に発足した，2050年までのエネルギー政策を検討する「エネルギー情勢懇談会」でも産業界代表は，再生可能エネルギーに消極的で，原子力の継続を主張している（『朝日新聞』2017年8月31日）。

他方，ドイツは日本とは正反対の道を歩んできている。政府の「エネルギー計画2010」は，2050年に2008年比で1次エネルギー消費を50%減，最終エネルギー消費に占める再生可能エネルギーの割合を60%，総電力消費に占める再生可能電力の割合を60%としている（図3，表1）。とくに再生可能電力

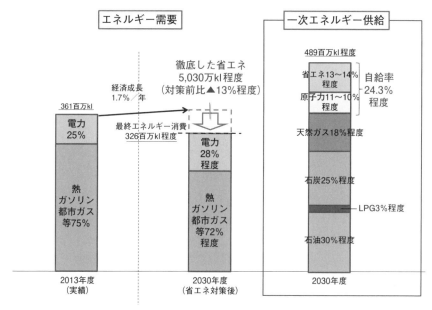

図1　2030年度の一次エネルギー供給構造の見通し

原典：資源エネルギー庁作成
（出典：経済産業省編『エネルギー白書2017』，2017年，251頁）

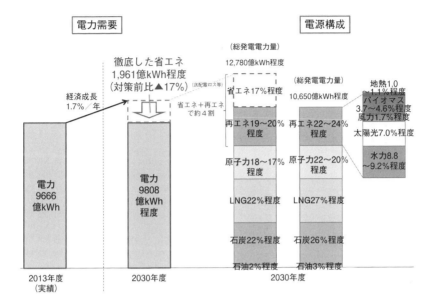

図2　2030年度の電源構成の見通し

原典：資源エネルギー庁作成
（出典：同前, 252頁）

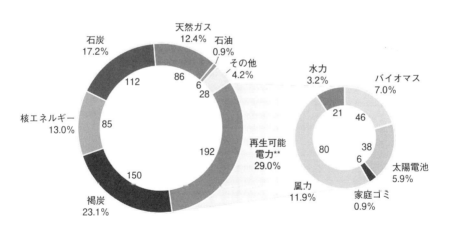

** 再生可能電力の割合：2017年3月現在

図3　総発電量（テラワット時。2016年。暫定値）

原典：エネルギー・バランス社による
（出典：BMWi4, 2018:2 (https://www.bmwi.de/Redaktion/DE/Dossier/erneuerbare-energien.html)

第2章　専門家委員会，市民討議，政策形成　　41

表1 エネルギー計画2010

	2014	2015	2020	2030	2040	2050
温室効果ガス排出						
温室効果ガス排出(1990年比)	−27.7%	−27.2%	最低−40%	最低−55%	最低−70%	最低−80-95%
最終エネルギー消費における再生可能エネルギー割合の増大						
最終エネルギー消費における割合	13.6%	14.9%	18%	30%	45%	60%
総電力消費	27.3%	31.6%	最低35%	最低50% (2025:40-45%)	最低65% (2035:55-60%)	最低80%
熱消費	12.5%	13.2%	14%			
輸送部門	5.6%	5.2%	10% (ヨーロッパ連合の目標)			
エネルギー消費の削減とエネルギー効率化の上昇						
1次エネルギー消費(2008年比)	−8.3%	−7.6%	−20%			−50%
最終エネルギー生産性	年率1.6% (2008-2014)	年率1.3% (2008-2015)	年率2.1%(2008-2050)			
総電力消費(2008年比)	−4.2%	−4%	−10%			−25%
1次エネルギー需要(建物。2008年比)	−19.2%	−15.9%				約−80%
熱需要(建物。2008年比)	−14.7%	−11.1%	−20%			
最終エネルギー消費(輸送。2005年比)	1.1%	1.3%	−10%			−40%

(出典:Hennicke 2017:8)

の割合は,すでに2016年度に29.0%を達成している(**図3**)(2017年12月20日付『時代(ツァイト)』紙は,ドイツ・エネルギー・水事業連盟の発表として,33.1%に上昇したと報じている)。そして,この計画を踏まえたいくつかの「エネルギー転換」2050年シナリオは,徹底的な省エネルギー(2050年の1次エネルギ

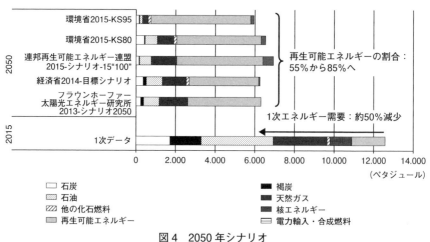

図4 2050年シナリオ

原典:特別シナリオ研究とエネルギー・バランス社 2105
(出典:Hennicke 2017:4)

ー需要マイナス 50％），核エネルギーからの脱却（2022 年度核電ゼロ）と化石エネルギーの大幅な削減，再生可能エネルギーの大胆な拡張（1 次エネルギー供給の 55～85％）を長期目標としている（**図 4**）。

なぜこのような違いが生まれるのだろうか。この問題を政策形成過程に即して検討するのが第 1 の課題である。第 2 の課題は，かつて日本もドイツと同様の「エネルギー転換」政策を決定した（2012 年 9 月 14 日，エネルギー・環境会議「革新的エネルギー・環境戦略」）のだが，それはなぜ可能だったのだろうか。これも政策形成過程に即して検討したい（行論の関係上，まず第 2 の課題を論じる）。

2 2012 年「革新的エネルギー・環境戦略」── 3・11 以前と以後

1）2010 年「エネルギー基本計画」

日本のエネルギー政策は，石油危機への対応と安定供給（1970 年代）⇒規制緩和と経済性（1980 年代）⇒温暖化対策と環境（1990 年代）⇒資源確保の強化（2000 年代）と変化してきたが，2002 年の「エネルギー政策基本法」によって安定供給，環境への適合，市場原理の活用をベースとした「エネルギー基本計画」に基づいて進められてきた。2003 年，2007 年，2010 年の計画は，省エネルギーと再生可能エネルギーの推進が謳われながらも，2006 年の「原子力立国計画」（資源エネルギー庁）も踏まえて，供給の安定性（「準国産資源」としての核エネルギー？）と温暖化対策を名目にして，一貫して核発電の推進が中核をなしてきた。

なぜこのような政策が採られてきたのか。「それは，エネルギー政策の決定過程に利害関係者（電力会社と関係省庁〔経済産業省，資源エネルギー庁，文部科学省など〕，一部の政治家，原発立地自治体の首長，関連産業等からなる原子力複合体）のみが関わり，原子力に批判的ないし慎重な見解を持つ者が徹底的に排除」されてきたからである（大島 2013：2）。

これに加えて，次の 2 点を確認することが重要である。第 1 に，政策形成・決定に関わる科学的検討を行うべき審議会・専門家委員会，とくに総合資源エネルギー調査会基本政策分科会と原子力委員会の構成員多数が，上記「原子力

複合体」に同調する専門研究者であり，核エネルギーの利用に批判的ないし慎重な専門研究者が排除されてきたこと，第2に，これを可能にしてきた重大な遠因が，「国民の無知・無関心」（独立検証委員会報告・他）にあることである。

2) 国民的討論の展開と戦略決定

しかし，これらの事態は，東京電力福島第一の事故と，民主党政権の誕生（2009年9月16日）によって根本的に変わった。

①2011年6月に「エネルギー・環境会議」[1]が組織され，「エネルギー・システムの歪み・脆弱性を是正し，安全性・安定供給・効率性・環境の要請に応える短期・中期・長期からなる革新的エネルギー・環境戦略及び2013年以降の地球温暖化対策の国内対策を政府一丸となって策定する」ことになった。これは，経済産業省や資源エネルギー庁とは異なる，また業界団体から独立した国家戦略室が主導する点で，画期的な組織体制である。

2011年7月には戦略に向けた「中間的整理」で3つの基本理念と9つの原則が提示された。重要な4点のみを記す。

・「原発への依存度低減のシナリオを描く」
・「分散型のエネルギー・システムの実現を目指す」
・「『反原発』と『原発推進』の2項対立を乗り越えた国民的議論を展開する」
・「客観的なデータの検証に基づき戦略を検討する」

以下，これら4点の内容を略述し，簡潔に検証する（以下の事実関係の記述は，主として宮城2013と柳下2014に依拠している）。

---

1)　議長は国家戦略担当相，副議長は経産相と環境相，構成員は外務相・文科相・農水相・国交相等，内閣官房副長官である。2011年10月以降，国家戦略室（議長は首相，副議長は副首相・内閣官房長官・国家戦略担当相，議員は総務相・外務相・財務相・経産相・日銀総裁・日本経済研究センター理事長・国際協力機構理事長・連合会長・経済同友会代表幹事・日本経団連会長である。

コスト等検証委員会

電源別のコスト計算を統一的・科学的に行い，とくに核発電の費用を再計算・検証した。

2011年12月19日の試算値をまとめたものが，図5である。

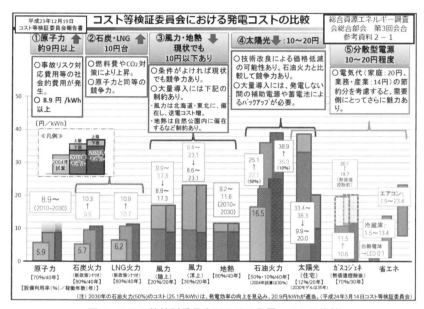

図5　コスト等検証委員会における発電コストの比較

(出典：http://www.enecho.meti.go.jp/committee/council/basic_policy_subcommittee/past/003/pdf/003_004.pdf)

・下限値から分かるように，再生可能電力の費用は，化石燃料電力や核電力と充分に競争できる水準であり，とくに社会的費用（交付金など政策経費，追加的な安全対策費用，事故リスク対応費用）を加味した核電力は，けっして「安い電力」ではないことがはっきりした。しかも，この計算では，事故リスク対応費用が著しく低く見積もられている。2017年12月，経産省は事故対策費用を21兆5000億円と計算したが，今後さらに増えることは確実である。

・「証拠照会 Call for Evidence」を行った。これは報告書の内容について，その根拠となる仮定やデータが適当であり，利用可能な最善の根拠に基づ

くものであるかを検証するために，広く国民・専門家・事業者・NGO な
どに対して，根拠に基づく情報の提供を照会するもので，試算の科学的客
観性を検証し，よりよい試算に挑戦し，国民的議論を推進する上できわめ
て有効な試みである（宮城 2013：11）。これは日本初の試みであり，政策
案作成の大前提となる，科学的で透明性の高い議論・検討の機会であった。
そして実際に 16 件（8 団体，8 名）の照会があったという。

専門家委員会による原案の策定
　2011 年 12 月 11 日，エネルギー・環境会議の会合で「基本方針──エネル
ギー・環境戦略に関する選択肢の提示に向けて」が示され，3 つの専門家委員
会・審議会が検討を開始した。

①総合資源エネルギー調査会基本政策分科会（経済産業省）
　　──画期的な委員構成と委員による素案の作成
　この調査会は従来「エネルギー基本計画」案を策定してきたが，15 名の分
科会委員のうち大多数が核エネルギーの利用を積極的に推進する立場であった。
しかし，このときは利用に批判的ないし慎重な委員が 3 分の 1 を占めることに
なった（大島 2013：4）。しかも，これまでのように資源エネルギー庁が作成
した原案に基づいて議論するのではなく，各委員の意見を集約して原案・選択
肢案をまとめた。そして最終的な原案として，2030 年の核エネルギー比率「0
％，約 15％，約 20〜25％」，「市場における需要家の選択により社会的に最適
な電源構成を実現する」ことが決定された。

②原子力委員会新大綱策定会議（内閣府）
　　──画期的な「全量直接処分」の登場
　この委員会では「核燃料サイクルの選択肢」の原案を検討したが，策定会議
は，最終的な原案として 2030 年の核エネルギー比率に応じて 0％なら「使用
済み燃料の全量直接処分……15％なら再処理／直接処分併存……20〜25％なら
全量再処理」政策が有力だと結論づけた上で，併存政策が有力だと提示した
（宮城 2013：15）。再処理せず一定期間の貯蔵後に「全量直接処分」するとい

46　　第一部　分析と提言

う選択肢が公式の政府案として登場したことは画期的であった。

③中央環境審議会（環境省）
　　──ここでは「地球温暖化対策の選択肢」の原案が検討された。
　それまでの対策は，2010年12月に決定された「2020年温室効果ガスの1990年比25％削減と……2050年80％削減」という中・長期目標に基づくものであった。この対策は，2010年の「エネルギー基本計画」に基づき，核電の新増設を所与の前提としていた。しかし，3・11を経験した段階では，また2030年の核エネルギー比率の3選択肢案が検討されているなかでは，異なる戦略が必要とされていた。ところが，小委員会等の原案は，「省エネ・再生可能エネルギー等の強度と2030年の核エネルギー比率」を組み合わせた6つの選択肢案という中途半端なものとなり，しかも約25％比率と強度中位の組み合わせでは，試算結果は「2020年13％削減……2030年30％削減」となり，2020年25％削減，2050年80％削減など到底実現できないことが明確になった（宮城2013：15-16）。それだけではない。2015年12月のパリ協定で「産業革命前からの世界の平均気温上昇を「2度未満」に抑え，さらに平均気温上昇「1.5度未満」をめざす（第2条1項）」と決定されたから，日本の立ち遅れは世界でも突出したものになった（だから，2016年7月，長期低炭素ビジョン小委員会を改めて設置し，長期目標実現の戦略を練り直さなければならなくなったのである）。

3つの選択肢と国民的議論の展開
　3つの委員会・審議会の原案策定討論を経て，ようやく2012年6月29日，エネルギー・環境会議は「エネルギー・環境に関する選択肢（案）」を決定・公表した。
　そこではまず，中長期的に核電依存度を低減させるという基本方針のもと，エネルギー選択の重要な4つの視点（核エネルギーの安全確保と将来リスクの低減，エネルギー安全保障の強化，地球温暖化問題解決への貢献，コストの抑制と産業・雇用の空洞化防止）が示されている。次いで，核エネルギー依存度（0，15，20〜25％）を機軸に3つのシナリオ（選択肢）とそれぞれの発電構成（2017年7月，国家戦略室）を提示し，「国民的議論」に付することになった。

第2章　専門家委員会，市民討議，政策形成　　47

2010年の「エネルギー基本計画」と比較すると，次のようになる（表2）。

表2　2030年における3つのシナリオ（2010年との比較）

	2010年	ゼロシナリオ 追加対策前	ゼロシナリオ 追加対策後	15シナリオ	20〜25シナリオ
原子力比率	26%	0%（▲25%）	0%（▲25%）	15%（▲10%）	20〜25%（▲5〜1%）
再生可能エネルギー比率	10%	30%（+20%）	35%（+25%）	30%（+20%）	25〜30%（+15〜20%）
化石燃料比率	63%	70%（+5%）	65%（現状程度）	55%（▲10%）	50%（▲15%）
非化石電源比率	37%	30%（▲5%）	35%（現状程度）	45%（+10%）	50%（+15%）
発電電力量	1.1兆kWh	約1兆kWh（▲1割）	約1兆kWh（▲1割）	約1兆kWh（▲1割）	約1兆kWh（▲1割）
最終エネルギー消費	3.9億kl	3.1億kl（▲7200万kl）	3.0億kl（▲8500万kl）	3.1億kl（▲7200万kl）	3.1億kl（▲7200万kl）
温室効果ガス排出量（1990年比）	▲0.3%	▲16%	▲23%	▲23%	▲25%

※比率は発電電力量に占める割合で記載。括弧内は震災前の2010年からの変化分。

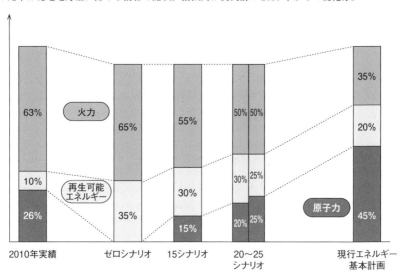

図6　各シナリオにおける発電構成

　核電ゼロのシナリオが登場したのは画期的であった。日本政府が史上はじめて公式に提案したからである（ただし，「いずれ〔のシナリオ〕も，再生可能エネルギーや省エネルギーを最大限進めることで，原発依存度も化石燃料依存度

も下げ，今よりもエネルギー安全保障を改善し，温室効果ガスを削減する選択肢となっている」（同，4頁）と自画自賛しているが，疑問なしとしない（というのは，「シナリオごとの2030年の姿（総括）」に明示されているように，①省エネルギーは最終エネルギー消費で，いずれもわずか19～22％であり，発電電力量でわずか10％（約1兆kWh）である，②再生可能エネルギーの導入量も，いずれもわずか25～35％であり，投資額も80～100兆円（2030年までの累積）にすぎない，③化石燃料依存度も，いずれも50～65％で，2010年の63％とほとんど変わらない，④温室効果ガスの排出量（1990年比）も，いずれもマイナス23～25％にとどまる，⑤逆に，家庭の電気代はどのケースでも，2010年の1万円／月から0.2～1.1万円に上昇し，GDPは53～123兆円増え，564～634兆円になると想定されている（2010年は511兆円）からである）。

　同時に，3つのシナリオを「国民的議論」に付するとして，具体的な制度的枠組みを設定した点でも画期的であった。

国民的議論の展開と戦略決定

①国家戦略室のホームページ上で，「客観的なデータや事実関係，議論の背景等のデータベースを構築する」（16頁）。

②全国11都市で意見聴取会（2012年7月14日～8月4日）が開かれ，それぞれ100～200名が意見を表明した（ただし，ある聴取会で電力会社の従業員が応募・意見表明をしたことについて，一部メディアが強く非難したため，経済産業相による行政指導（7月18日）に基づき，電力関係者がパブリックコメントを出したり意見聴取会に参加したりすることは，実質的にできなくなったという（梁瀬／柳下 2014：52）。これが表現の自由の侵害であることは，論を俟たない）。

③パブリック・コメント（7月2日～8月12日）には89,124件の意見が提出されたが，その8割以上が脱核電の意見であった。

④地方公共団体，大学，民間団体など58団体が主催する説明会に，政府は積極的に説明担当者を派遣した（7月2日～8月26日。同上書35）。

⑤討論型世論調査（以下，討議型意見調査）

　討議型意見調査とは，ジェームズ・フィシュキンが考案した新しい社会調

査の方法である。まず，通常の世論調査①を行い，その回答者のなかから討論フォーラムへの参加者を選ぶ。次に，参加者はある課題に関する賛否の専門家による討論資料を学習し，事前のアンケート調査②に答える。その後，教育・訓練を受けたモデレーターの下，討論フォーラム（小グループ討論＋全体会議：いずれも通常複数回）で意見交換・討論を行う。最後に，専門家・政策担当者との質疑応答の後，討論後アンケート調査③に答える。そして，3回の回答内容の変化から，討論過程の前後で参加者の意見がどのように変化したのか（あるいは変化しなかったのか）を調査する。これを図示しよう（図7）。

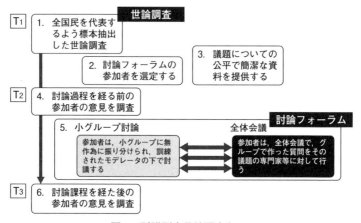

図7　討議型意見論調査とは

(出典：柳瀬／柳下 2014：36 を改変)

この調査の特徴は，3つある。①母集団を統計学的に代表するように，参加者を無作為選出するので，いわば「社会の縮図」，「ミニ・パブリックス」が形成され，代表性・公平性が担保される。②無・低関心層やサイレント・マジョリティの意見も聴け，立場の異なる人々の意見聴取ができる。③課題に関して公平な資料を基に議論し，専門家との討議を経るので，長期的な視点に立った熟考された意見を聴取できる[2]（実行委員会 2012：6-7）。

さて，選択肢に関する討議型意見調査は，2012年7月7日から22日まで行われた。全国の成人 12,048 人にたいする電話世論調査①では 6,849 人から回答を得，回答者に討論フォーラムへの参加を呼びかけ，応じた回答者に討論資料

を送付した。そして，討論フォーラムは，8月4～5日に慶応大学三田キャンパスで行われ，285人が参加した（参加者は286名の予定であったが，「東京電力ではないある電力会社の人が当たり，当日の朝，討論フォーラム会場にまでやって来たが，マスコミが多数来ているのを見て，断念し帰った」。実行委員会委員長の曽根泰教氏の2017年9月12日付の私信による。したがって，世間で批判されるように，けっして実行委員会が意図的に排除したのではない）。そして，2回の小グループ討論と全体会議の前後でアンケート調査②③を実施した。

　まず，世論調査①の結果を見よう。

・エネルギー選択で何を重視するか（上記4つの視点にほぼ対応）：調査①では安全の確保が67.5％，安定供給が16.7％，地球温暖化防止が9.3％，価格が4.5％である。そして，資料に基づく学習と討議を経るにつれて，安全が74.0％②⇒80.7％③と大きく上昇し，安定供給が20.4％②⇒15.8％と減少し，温暖化防止と価格はそれぞれ1.4％②⇒1.1％③に，2.5％③⇒2.1％に低下した（**図8**）。

　次に，世論調査①からアンケート調査②，③の変化と移動を見よう。

---

2)　もちろん，これにたいする多くの批判がある。社会の縮図の保証はあるか，討論資料は公平か，参加者の情報格差は影響しないか，モデレーターは公平か等々。しかし，ここではこれらの批判にたいする再批判は割愛するが，その代わりに，各種意見調査・聴取の対比図を紹介する（**表3**）。

	代表性	十分な情報	オープンアクセス	討論の確保	注意点
パブリックコメント	×	△	○	×	動員の可能性
意見聴取会	×	△	○	△	動員の可能性
世論調査	○	×	×	×	表面的な意見
討論型世論調査	○	○	×	○	実施コスト
議会	○	○	×	○	正統性は選挙
専門家委等					不公平な構成

表3　各種意見聴取方法の特徴

（出典：曽根2014：46を改変）

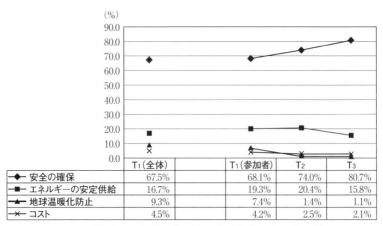

図8　重視すべき判断基準の重視度の変化（①→②→③）

（出典：エネルギー・環境の選択肢に関する討議型世論調査 調査報告書）

（出典：柳瀬／柳下 2014：39）

・ゼロシナリオ賛成は，32.6％から41.1％を経て，最終的に46.7％と増えており，もっとも多い。15シナリオ賛成は，16.8％から18.2％を経て，最終的に15.4％となり，大きな変化はない。20〜25シナリオ賛成は，13.0％から13.7％を経て，最終的にも13.0％となり，まったく変化がない。その他は49％から28％を経て25％となり，半減している（図9）（つまり，脱核電に反対の人を含めて，学習と討議を経て自らの意見を自覚した人々が相当多いということであり，逆に，学習と討議をしなければなかなか自分の意見がもてず，また自覚できないということでもある。一般の世論調査の問題点の一つがここにある）。

最初から最後まで賛成シナリオの変わらない人は少なく，参加者は各段階で意見を変えている（ただし，ゼロシナリオ賛成の人は相当首尾一貫している）。全体としてみると，討議過程が大きな影響を与えており，そのぶん熟考の程度が深まっていると考えられる（世論調査では把握できない，人々の「「真の意見」に近い意見」が表明され可視化される！）。

なお，世論調査①を他のメディア等の世論調査（図10）と比較すると，前者ではゼロシナリオ33％，15シナリオ17％，20〜25シナリオ24％，その他

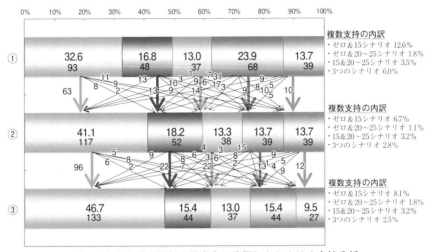

図9 各シナリオ評価の最高点で分類したシナリオ支持分析

(出典：討論型世論調査 2012：73)

49％で，後者ではゼロシナリオ29～49％，15シナリオ29～54％，20～25シナリオ10～19％，その他5～15％である（世論調査①のその他49％は他の世論調査と比較して，異常に高いが，どのような理由によるものかは分からない）。

対比参考資料として川崎市の討議型意見調査「市民討議」も掲げておこう（川崎市 2012：27）。全国版討議型意見調査と同じ傾向が明瞭に見てとれる。

そして，これら5つの「国民的議論」等を踏まえて，また広範な国民の脱核電運動の広がりと深まり，社会意識の根本的な変化，メディアの活動等を背景にして，エネルギー・環境会議は，2012年9月14日，「革新的エネルギー・環境戦略」を決定し，9月19日に閣議決定された。

3）「革新的エネルギー・環境戦略」とその意義

その基本方針は，次のように簡潔にまとめられている。「省エネルギー・再生可能エネルギーといったグリーンエネルギーを最大限に引き上げることを通じて，原発依存度を減らし，化石燃料依存度を抑制する」（革新的エネルギー・環境戦略 2012：1）。その上で，3本柱として具体化される。

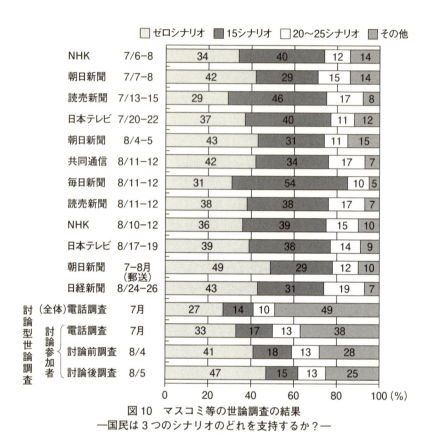

図10 マスコミ等の世論調査の結果
―国民は3つのシナリオのどれを支持するか？―

原典：エネルギー・環境会議2012年9月4日資料
（出典：柳瀬／柳下 2014：46）

① 「2030年代に原発稼動ゼロを可能とするよう，あらゆる政策資源を投入する。……安全性が確認された原発は，重要電源として活用する」（同：2）。つまり，2030年代末までは核電を積極的に利用するということであり，二重の意味で国民の意思に逆行するものである。というのは，世論調査①を除くどの世論調査でもゼロシナリオ（強固な脱核電グループ）と15シナリオ（比較的脱核電を志向するグループ）に賛成の人を合わせると71〜85％になり，20〜25シナリオ（脱核電を志向する程度が低いグループ）とその他（強固な核電支持を含むグループ）は，22〜29％で最低だったからであり，さらに20〜25シナリオからさえ5〜10年の稼動延長に後退しているからである。

しかし，もっとも重要な点は，2039年末の核脱却も努力目標であって，達成目標ではないということである。たしかに核電ゼロ社会実現に向けた3原則，つまり「40年運転の厳格適用，安全確認を経た再稼動，新増設ゼロ」（同：4）が提示されてはいるが，2030年代に核電ゼロ社会が実現する保証はどこにもない（実際，後には20年の延長も可能とされ，原子力規制委員会の安全性審査には専門家や裁判所をはじめ多くの疑問が出され，海外への核電輸出攻勢が現実のものとなった！）[3]。

② 「グリーンエネルギーを社会の基盤エネルギーとして確立する」（同：4）。「再生可能エネルギーの大量導入」（同：11）が謳われてはいるが，その目標は，実にささやかなものである。

　節電・省エネルギーの実現目標は，総発電電力量が1.1兆kWh（2012年）にたいしてわずか100億〜1,100億kWh削減，最終エネルギー消費が3.9億kl（2010年）から4,600万〜7,200万kl減に他ならない。また，再生可能エネルギーの導入に関しても，「固定価格買取制度の効果的な運用，公共施設への公的投資の実施，規制改革・手続きの簡素化・迅速化，系統〔送電網〕強化・安定化，再生可能エネルギー熱の利用拡大」が謳われているものの，その後の推移が示しているように，遅々として進んでいない（同上書：11）。

③ エネルギーの安定供給のために化石燃料，とくに液化天然ガスと石炭の高度利用が強調され，「化石燃料の安定的かつ安価な調達が，我が国経済社会を左右する重い課題となっている」（13）と指摘されるが，これは基本方針の「化石燃料依存度の抑制」と矛盾しているだけでなく，地球温暖化対策の目標を事実上否定し，それを棚上げするものとなっている。というのは，温室効果ガスの2050年削減目標は80％（1990年比）であり，2030年10 20％，2020年2〜9％の削減目標との整合性がまったくなく，しかも具体的な対策についてもほとんど触れられていないからである（17〜18）。

3）　これ以外に，核燃料サイクル政策の堅持（同：5），高レベル廃棄物貯蔵問題，プルトニウム問題等々いくつもの問題点があるが，ここでは割愛する。

④この３つを実現するためには「分散ネットワーク型〔電力〕システムの構築」（同：16）が必要であるとして，従来の10電力会社による地域独占と総括原価方式に代えて，電力小売市場の全面自由化（2016年４月実施），発電と送電部門の機能的または法的分離（2020年を予定），広域的な系統運用を行う公平・中立な機関の設置（2015年４月，電力広域的運営推進機構 Organization for Cross-regional Coordination of Transmission Operators, JAPAN の設置）がはじめて公式に提示された。

　　しかし，分散ネットワーク型電力システムの構築のためには，これらの対策では充分ではない。というのは，まずなによりも再生可能電力（太陽光や風力など再生可能エネルギー源によって生産される電力）を大幅に増やす必要があるが，そのためには接続問題を改善しなければならない。固定価格買取制度は2012年７月に導入され，大きな役割を果たしたが，2017年３月現在でも導入容量はわずか3539万kW（全体容量は2,025,200万kW）にすぎない。また再生可能電力を中心とする電力会社を含むいわゆる新電力の加入者は，2017年現在で２％にとどまる。原因は，電力会社への接続が，再生可能電力優先・全量・無償接続ではなく，既存電力との競合，一定量以下への抑制，高額な送電線設置費用の請求が制度化されているからであり，また初期投資回収の不安定性・長期化が常態化しているからである（ただし，低所得層にたいする賦課金の減免は別途検討しなければならない）。

⑤地球温暖化防止対策については，「第４次環境基本計画」（2012年４月27日閣議決定）で，2050年までに温室効果ガス排出量を80％削減する（1990年比）ことをめざしているが，2020年時点でマイナス２〜９％とされている（同：17）。パリ協定では「産業革命以前比2.0度上昇未満，できるだけ1.5度未満」と合意されたが，現状のままでは明らかに達成できない。

　このように，この戦略は，2039年末までに核電ゼロ社会をめざすことを決定した点で，また政治的意思形成・決定過程で討議型意見調査を含む多様な「国民的議論」を重ねた点で画期的であった。そして，各省庁は，戦略の方針に従って「グリーン政策大綱」の策定，電力システム改革戦略，地球温暖化対

策計画の策定などの準備に着手したが，2016 年 12 月 16 日の衆議院議員選挙で自由民主党が，過半数の 241 議席を大きく上回る 294 議席を得て圧勝した結果，日本のエネルギー政策は，大きく反転することになった。

　しかしながら，福島核電事故後の「国民的議論」を踏まえた政治的意思形成の経験は，けっして無意味ではなく，むしろその意義は継続し発展しているのである。各種世論調査が核電ゼロ社会に向かう道への意思を如実に示しており，「エネルギー転換」への意思は広がっている。

3　ドイツ「エネルギー転換」の道——政治と科学の関係

　核エネルギー・化石燃料からの脱却，省エネルギー（消費の絶対的削減＋効率化），再生可能エネルギーの拡張を 3 つの柱とするドイツの「エネルギー転換」（2011 年〜）に至る道もけっして平坦ではない。本節では，政策形成過程に即して，またアクター（政治家，専門家，市民）の果たす役割と相互関係に着目して，その画期を瞥見する。

1）ドイツ核エネルギー政策の本質的転換——ゴアレーベン国際シンポジウム（1979 年 3〜4 月）

　ドイツの戦後エネルギー政策の柱は石炭と核エネルギーだった。とくに 1960 年代末から 1970 年代を通じていわば核電建設ラッシュが続いた（壽福 2016：89 の図）。そして，それは多数の市民によっても支持されていた。とりわけ 1970 年代中葉期は，核エネルギー利用の賛成派が，軽く 60％を超えていた（同上書：86 の図）。他方，1970 年代は核電・再処理の安全性＝事故の危険性と核廃棄物の最終貯蔵の両問題を中心に反対運動が高揚した時代でもあった。その最中の 1979 年 3 月 28 日（アメリカ・スリーマイル島核電事故が起きた当日！），再処理施設を中心とする「統合核処理センター」計画の是非をめぐって，国際シンポジウムが開かれた。ドイツ政府の方針は確定していたが，広範な反対運動を背景に，建設予定地ゴアレーベンを抱えるニーダーザクセン州のアルブレヒト首相が主導したものだった。連邦国家であるドイツでは，もともと州の独立性がきわめて高く，とくに核電の許認可権をもっている州政府の権

第 2 章　専門家委員会，市民討議，政策形成　　57

限は大きい。このシンポの特徴は，アルプレヒトが（少なくとも表面的には）批判派の意見も聴すること，ドイツ以外の世界の専門家も招くことを約束したこともあり，批判派25人（うちドイツ人5人）と賛成派37人（同15人），したがってほぼ同数の海外の専門家が一同に会し，しかも著名な物理学者フォン・ヴァイツゼッカー（核エネルギーと化石燃料の利用に反対する批判派！）が議長を務めた点である。公開された議事録からも分かるように，討論と対話は，安全性や処理センターの問題に限定されることなく，核エネルギーの利用に関わるすべての論点について激しく，かつ理性的に行われた（詳細は，壽福2016）。

　このシンポを踏まえて，アルプレヒトは，1979年5月6日に画期的な州政府声明を出した。4点ある。①使用済み核燃料の再処理政策が唯一の解決策かどうかは不確定であり，長期的中間貯蔵，さらには直接最終貯蔵の可能性もある。②核燃料サイクル政策は，本来高速増殖炉におけるプルトニウム利用を想定しているが，カルカール高速増殖炉建設が未決定であるかぎり，現時点で再処理施設の建設を始める必然性はない。③核施設の安全性にたいして不安を抱く住民が存在し，核エネルギー利用反対派も存在するが，政党間でこの計画に関する合意が存在しない以上，住民の納得と合意は得られない。④中央政府がこの計画をこれ以上先に進めないよう勧告する。

　しかし，同時に彼は新しい提案（同年9月，シュミット首相と全州政府の合意となる）も行った。①当初の統合処理計画は引き続き追求する。②ゴアレーベン以外に縮小した複数の再処理施設を建設する。③直接貯蔵を検討する。④ゴアレーベンの探査は追求する。これは，これ以降の核エネルギー政策の基本方針となるが，③を除いて最終的にはすべて放棄されることになった（ただし，1994年，直接最終貯蔵と再処理は同等の位置を占めることになり，2005年から再処理目的の搬出は禁止された）。（なお，高レベル放射性廃棄物の処理等に関しては，2016年に環境省監督下の「高レベル放射性廃棄物処理協会」が発足している）。

　こうして，国際的な専門家討議を経て，ドイツの核エネルギー政策は根本的な見直しを余儀なくされた。

2) 脱ウラン・脱化石燃料のソフト・エネルギー・パスの提起と検討——ド
   イツ議会・専門家調査委員会「未来の核エネルギー政策」(1979〜1980
   年) とエコ研究所「核エネルギー・石油なしのエネルギー供給」(1980年)

ところで，1979年に至るまでドイツの主要政党は，核エネルギーの利用を
推進する点で一致していたが，変化の兆しが生まれた。社会民主党と自由民主
党のなかでは，少数ではあるが強力な反対派が形成され，キリスト教民主同盟
もエネルギー・環境会議のなかでエネルギー政策全体の見直し（省エネルギー
と非核エネルギー技術の重視，消費電力の削減など）を開始した。それには
1970年代を通じた反核電運動の広がりも大きく貢献しており，そのなかから
ドイツ各地で緑の党の先駆者が誕生した（旧西ドイツ緑の党の結成は1981年
1月で，1993年5月には旧東ドイツの同盟90と合流して同盟90／緑の党とな
る）。これらを背景として，ドイツ連邦議会も，1979年3月29日，アメリカ・
スリーマイル島核電事故の翌日，「未来の核エネルギー政策」を検討する専門
家調査委員会の設置を決めた（ドイツ基本法〔憲法〕第44条第1項は，「連邦
議会は，公開の議事において必要な証拠を調査する権利をもち，また議員の4
分の1の申請に基づいて調査する義務を負う」と定めている）。

委員会の構成と討議過程の独自性

この報告は，議会の付託条件に反して，2030年までの〔今後50年間の！〕
総合エネルギー政策，しかも核脱却を含む政策を検討・勧告している。これに
は委員長のユーバーホルスト（社会民主党）の貢献も大きいが，公平な委員構
成，ドイツ内外の専門家との意見交換，市民団体との討論が果たした役割も大
きい。すなわち，議員構成員7人（議席比例配分）は，社会民主党3人，キリ
スト教民主同盟／社会同盟3人，自由民主党1人であり，そのうち6人は議会
「研究・技術委員会」に属しており，しかもエネルギー政策にとって重要な内
務委員会・経済委員会を含めて議会の全委員会を代表していた。次に，専門家
構成員は8人で，議員より1名多く，核エネルギー賛否の両者から平等に同数，
中立派から1名，労組代表から1名が選出されている。さらに，専門研究者・
大学・研究所・国際機関による研究・調査だけでなく，世界の核エネルギー利
用を主導する米仏両政府，国際核エネルギー機関，国際核炉建設協会との意見

交換も繰り返し行っている．特筆すべきは，環境運動の中核組織である「ドイツ環境保護・自然保護連盟」，「ドイツ環境保護市民イニシアティブ」，有力なシンクタンクであるエコ研究所へ見解を要請するなど，市民社会・公共圏との意見交換を重視していることであり，市民参加の公聴会にも積極的に取り組んだ．

エネルギー・システムの評価基準と4つのシナリオ

・安定した供給と経済性の保障，・国産エネルギーを軸とした安全保障と開発途上国のエネルギー利用の保障，・環境との調和，・社会的調和（個々人の人権と自己決定の保証，未来世代への責任）という評価基準に基づいて，4つのシナリオが描かれる．〈第1の道：高度経済成長＋輸入依存＋核エネルギー〉，〈第2の道：低成長＋石炭＋核エネルギー〉，〈第3の道：省エネルギー＋核エネルギーの段階的停止〉，〈第4の道：核脱却＋省エネルギー＋経済の構造転換＋再生可能エネルギー〉（図11）．委員会は，1979年12月1日，「優しいエネ

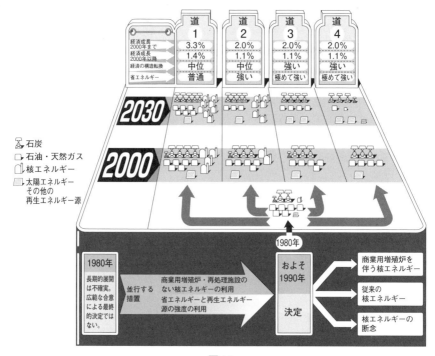

図11

60　第一部　分析と提言

ルギーと分散的エネルギー供給」を主題としてエイモリー・ロビンズとシュナイダー（ケルン大学エネルギー経済研究所）を招いて，一部公開の公聴会を開いた。

　「優しい技術」は，3つの特徴をもっている。再生可能電力，小規模・分散的なエネルギー生産，比較的単純な技術がそれであるが，これによって長期的なエネルギー供給ができるためには，強力な省エネルギーと経済の根本的な構造転換が必要である。また過渡期には石炭も利用されるが，核エネルギーの利用からは完全に脱却する。その利点としては，配分・社会基盤の費用が少ない，故障や事故が減る，大量生産により，開発・製造期間が短縮される，成長と雇用を促進する，環境への負荷を減少させることが挙げられる。委員会の意見は真っ二つに割れたが，最終的にこの第4の道，とくに核脱却を退けた。「委員会は全体として，優しい道の構想が……詳細に検討されている，またその道を実践的に歩めるかもしれない，と認めることはできなかった」（壽福 2013：253）。そして，最終的な結論として，第2・3に立脚する12人の多数意見と第1に立脚する3人の少数意見に分かれた。だが，この多数意見のなかでは「省エネルギーと再生可能エネルギー利用の促進が進めば……核エネルギー放棄への移行が開ける」として，事実上第4の道を選択する含意もあったと思われる（同上書：254–255）。

　このようなシナリオの比較検討の過程で注目に値するのは，委員会も参照したエコ研による第4の道のドイツ版が大きな役割を果たしたことである。つまり，政策形成過程で議会が民間シンクタンクの見解を検討した上で，選択肢の1つ（第4の道）を設定したという事実である。まず，ハード・エネルギー・パスとソフト・エネルギー・パスを対比した概念図（**図12**）を紹介しよう。次に，それを踏まえたドイツのシナリオ分析を見てみよう。エコ研『核エネルギーと石油なしのエネルギー供給』（1980 年〔壽福 2018〕）は，現在のエネルギー政策が隘路に陥ることを証明することから始める。もし計画通り核電増設をする場合，年 600 万トン（石炭換算）の1次エネルギーを投入することになるが，2000 年の予測値 6 億トン－現在の消費量 3 億 5000 万トン＝2 億 5000万トンとなり，実現するのは 40 年以上後，2020 年以降となる。つまり，「経済成長から予想できる1次エネルギーにたいする追加需要は，強行される核エ

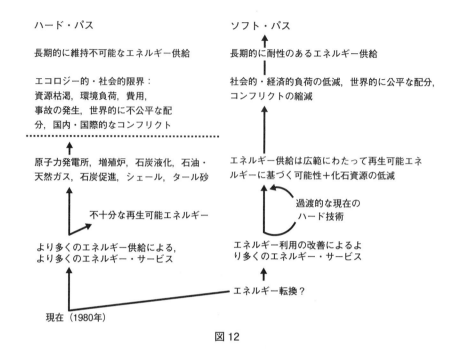

図 12

ネルギーの拡張が追いつかないほど増える」(エコ研 1980：2)。2000年時点で核電が供給できる電力は 1 億 5000 万トンだから，残りの 4 億 5000 万トンはどこから来るのだろうか。しかも，電力需要は全体の 10％に過ぎないことを考えると，次の認識，「ドイツのエネルギー問題とは，どのようにして安い熱と燃料を調達できるかという問題に他ならない」(同：3) ことの認識が決定的に重要なのだ。これに加えて，電力業界の試算では，1975〜1985 年の投資費用は 3〜4 倍になるが，この投資費用は消費者に転嫁されるのだから，電力価格は確実に上昇する。最後に，高レベル放射性廃棄物の最終貯蔵，再処理の問題が解決しなければ，核電の稼動や増設は不可能だ。「経済成長に見合ったエネルギー供給と石炭〔ガス化〕の助けを借りて拡大すると同時に，石油をエネルギー源としては追放するという従来の戦略は，誤った計画であり……政治的に実行不可能なのである」(同：5)。

出口はあるのか。構造改革と省エネルギーである。エネルギー集約的な経済部門を相対的に縮小し，エネルギー集約度の低い経済部門を相対的かつ急速に

成長させ（構造改革），より少ないエネルギーで同じサービスを提供できるように，エネルギー消費技術（建物，自動車，家庭用機器，産業施設）を改善するのだ（省エネルギー，とくに効率化の上昇）。ドイツ統計庁による人口予測（2000年に5700万人，2030年に4500万人），経済研究所の成長予測（国内総生産は2000年に1973年比2.3倍／人，2030年に3.2倍）を前提すると，構造改革によって最終エネルギー消費は，次の10年間で25～45％削減できる。省エネルギーによる削減は，1973年比で暖房70％，自動車60％，産業用プロセス熱利用，電気動力30％であり，全体として最終エネルギー消費は，1億5000万トンになる。これが意味するのは，化石燃料の投入が3分の1に減少し，二酸化炭素の排出も3分の1に削減されるということだ（**表4，図13**）。このシナリオとモデル計算は，ロビンズのソフト・エネルギー・パスをドイツの現状に即して具体化したもので，基本的な方向としては妥当性があると思う。（なお，1979～1980年にかけて日本でも，期せずして同様の著作が出版されている。エイモリー・ロビンズ『ソフト・エネルギー・パス』，バリー・コモナー『エネルギー』，槌屋治紀『エネルギー耕作型文明』。）

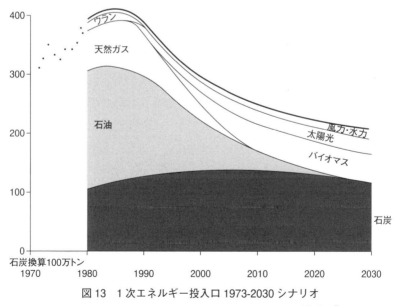

図13　1次エネルギー投入口 1973-2030 シナリオ

（出典：Öko-I, 1980：12）

表4 豊かな成長，エネルギー利用の改善，エネルギー需要（1973 ＋ 2030）

部門 エネルギー消費 （石炭換算 100万トン）	エネルギー・サービス 単位	変化 絶対値	変化 1人当たり	特別消費 (1973 = 1.0)	最終エネルギー需要（2030） 利用改善 のみ 1欄×4欄	成長のみ 1欄×3欄	成長と利用 改善 1欄×3欄 ×4欄
	1	2	3a	3b	4	5	6	7
家計	65					21	87	30
暖房	54	居住面積	1.3	1.7	0.3	16	70	21
温水	4	リットル	1.3	1.8	1.0	4	5	5
機器用電力	4		30	4.0	0.3	1	12	4
暖房・温水用電力	3	―	0.0	0.0		―	―	―
小規模消費者	47					20	64	26
暖房	32	利用面積	1.3	1.8	0.3	10	42	12
プロセス熱								
非電力	5		1.8	2.5	0.6	3	9	5
電力	3		1.0	1.4	1.0	3	3	3
照明・動力	3		2.0	2.7	0.7	2	6	4
軍事用	4		1.0	1.4	0.6	2	4	2
交通	46					24	a)59 b)60	a)31 b)33
自家用車	27	自動車(km)	1.2	1.5	0.4	11	32	13
貨物自動車	9	トン (km)	a)1.5 b)1.7	2.1 2.3	0.7 0.7	6	a)14 b)15	a) 9 b)11
電化鉄道	1		1.2	1.6	0.9	1	1	1
バス・飛行機・船舶	9		1.3	1.8	0.7	6	12	8
産業	96	生産価値	1.7	2.3	a)0.39* b)0.54*	68	a) 89 b)124	a)63 b)88
基礎材産業	70	トン当たり 生産	a)0.7 b)1.2	1.0 1.6	0.7 0.7	49	a)49 b)84	a)34 b)59
資本財産業	11	生産価値	2.3	3.2	0.7	8	25	18
消費財産業	15	生産価値	1.0	1.4	0.7	11	15	11
最終エネルギー	254	国内総生産	2.3	3.2	a)0.26* b)0.30*	133	a)299 b)335	a)150 b)177
内電力	31						a)40 b)47	a)26 b)31

〈エネルギー利用の改善と構造転換を合わせた価値〉
注：完全な表ではない。
　表は，シナリオにおける成長とエネルギー利用の改善の関連をきわめて単純化したものである。
　産業の発展は，技術集約的なもの(a)とエネルギー集約的なもの(b)に分けてあり，両者は財の流通
サービスの点でいくらか異なる。

（出典：Öko-Institut 1980：7）

3) 専門家委員会と市民対話

　この第4の道は，その後も長い間ドイツ国民の多数の声とはなることはなかったが，しかし，1980年代に入ると，1970年代までつねに絶対多数を占めていた核エネルギーの利用を促進する意見が減少し，逆に批判的ないし懐疑的な意見が増大してくる。それは，両者が伯仲し拮抗する流動状態へと変化し始めたことを示していた（図14）。そして，その構図は2000年のいわゆる「核〔脱却〕合意」を画期として先鋭化していき，2010年9月の核電稼動期間延長によって激化する。これにとどめの一撃を加えたのが福島核電事故であった。

　メルケル首相は，即座に7基＋1基（故障停止中のクリュンメル核電）を停止し，最終的に稼動延長決定の凍結，全17核電の安全性の検証（いわゆる耐性試験〈ストレステスト〉），もっとも古い核電7基の3ヶ月停止が決定された。同時に，「ドイツ政府は核電停止を含むエネルギー転換を推進する」と断言した。これらの措置は，国民の圧倒的支持も得ていた。事故直後のある世論調査によれば，①日本と同じような重大事故がドイツの核電でも起こりうるか：ハイ70，イイエ28，②検証のために稼動延長を中止するのは正しいか：ハイ80，イイエ18，③核脱却に賛成か：ハイ71，④最古の7核電を即時停止するのに賛成か：ハ

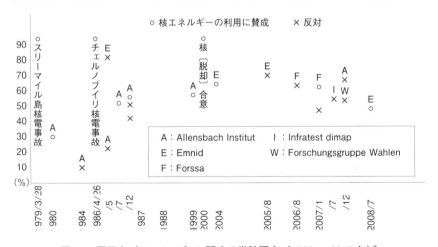

図14　原子力（Atomkraft）に関する世論調査（1980～2015年）＊

＊調査会社は実績もあり信頼できるが，設問が各調査によって異なるために，概略的な傾向を示す。

（出典：http://de.atomkraftwerkeplag.wikia.com/wiki/Meinungsumfragen_zur_Atomkraft）

イ 72，⑤すべての核電をできるだけ早く停止すべきか：ハイ 53，となっている。メルケルは，3 月 17 日，次のように語った。「われわれが核エネルギーから脱却するのは，ドイツの〔政治的〕合意だ。核エネルギーは再生可能エネルギーの時代に到達するまでの過渡期の技術にすぎない。問題は，どれだけ早く到達するかだけだ。……私はこの 3 ヶ月の稼動停止をエネルギー政策の問題で新たな社会的合意を得るために使いたい」（強調筆者。壽福 2013b：21）。

　彼女はまず，3 つの専門家委員会による作業を指示した。①3 月 17 日，ドイツ連邦議会は，「専門家委員会〔核炉安全委員会〕にたいして……ドイツの核電と核技術施設の危険性を改めて分析するよう委託する」，②3 月 21 日，「国立科学アカデミー『レオポルディナ』は，教育・研究相からエネルギー政策とエネルギー研究に関する見解を要請された」，③3 月 22 日，「エネルギーを安全に，また環境と調和し，かつ競争力のある価格で供給できるように……責任倫理的な決定の基盤とその結論を総合的に考察する」倫理委員会《安全なエネルギー供給》を新設する（同上書：22）。3 つの専門家委員会は，稼動停止期間内に，つまり 6 月 15 日までに検討結果を提出しなければならない。まず，5 月 3 日にレオポルディナが『特別見解：福島事故以後のエネルギー政策・エネルギー研究の勧告』暫定版をヨーロッパ科学アカデミー諮問評議会〈エネルギー規制委員会〉に提出し，その検討を踏まえた最終版を上記倫理委員会に提出した。次いで，5 月 16 日には核炉安全委員会が『見解：福島第一の事故を考慮したドイツ核電施設毎の安全性の検証』をまとめ，最後に 5 月 30 日，倫理委員会が『ドイツのエネルギー転換』を提出した。そして，6 月 6 日，ドイツ政府はエネルギー転換に関する 8 法案と『エネルギー転換 2011』を決定し，6 月 9 日から議会審議が始まる。

　①レオポルディナ見解は，エネルギー供給が安全性，環境との調和，適正価格という基準を満たさなければならないとした上で，「およそ 10 年の期間で核エネルギーの利用から脱却することは可能である」と結論づけた。それは，核電がなくとも 700TWh（従来の電力消費量は，輸出分を含めて 620TWh）を供給できる，32GW の増設計画は二酸化炭素排出問題と関連させて検討する，蓄電と送電線網（とくに高圧）の拡張が課題であると指

摘して，（長・）短期の勧告を出した。風力発電はもっとも有望だが，太陽電池は最優先ではなく，また化石燃料比で高額の費用を低廉化する，追加的な発電所容量はガス・コンバインド・サイクル発電所を優先する，熱電併給・仮想発電所を強化する，電力網システムの増強は，風力電力の接続強化のために不可欠である，ヨーロッパ送電線網の容量を高める，これらを達成する上で重要なことは，「市民参加……社会のなかでの対話」の推進である。技術面にやや偏ってはいるが，社会的合意がなければエネルギー転換がうまくいかないことを力説する点で，2011 年以後の風力発電パークや電力アウトバーンの建設に見られる国・州の政府と現地住民との対立に照らしてみれば，先見の明があると言えよう。

② 核炉安全委員会見解の結論は，「ドイツの核電による電力供給は，全体として福島第一よりも頑健である。ドイツのすべての施設は……より多くの非常用電源設備を備えており，そのうちの少なくとも 2 つは外的影響〔飛行機の墜落やテロリストの攻撃等〕にたいして防護されている」（同上書：31）となっている。しかし，本来の課題は，従来の設計基準の限界が正しく定義されているかどうか，設計を超える事故にたいしてどの程度頑健かを，最新の科学・技術の水準に照らして検証することであったが，体系的な検証は行われず，また現実のシステムを実際に試験することもなく，事業者の報告と提出書類だけに基づいている。

③ 倫理委員会は当然にもこの見解を退け，科学・技術的にはレオポルディナの判断と評価に基づいて，10 年以内の核脱却を勧告した。その最大の理由は，過酷事故を含む危険性の回避である（同上書：26 以下）。

この委員会は，クラウス・テプファー（環境相，国連環境計画ナイロビ所長等を歴任したキリスト教民主同盟員）とドイツ研究協会委員長のマティアス・クライナーを共同議長として，各界の代表からほぼ公正に構成されていた（社会民主党の元教育相や研究技術相といった政治家，カトリック・プロテスタントの教会代表，労組・ユネスコ代表，企業代表に加えて，レオポルディナ議長やドイツ技術アカデミー議長といった専門家，社会学・政治学・経済学・倫理学の専門家 17 人。エネルギーの専門家は皆無である。ただし NPO 代表が参

加していないという根強い批判がある）。そして，4月28日，公開市民対話が
行われたが，これは全国テレビ・政府のライブストリームですべて中継された。
平均視聴率は0.7％で，最高時3％だから，どれほど短時間であれ130万人が
視聴したことになる。28人のゲスト・スピーカーは，賛否両派の専門家，電
力事業者，NGO，労働組合，自治体代表など広く社会階層を網羅している。
主要な論争点は，まず核脱却の是非・時期・影響であったが，対立は埋まらな
かった。次のエネルギー政策では，電力問題に矮小化するのではなく，省エネ
ルギーとエネルギー効率化が大前提であること，エネルギー問題の核心は，熱
と交通燃料，生活様式の変革であることが確認された。再生可能エネルギー問
題では，2010年秋に決定された「エネルギー計画」の目標，つまり最終エネ
ルギー消費に占める再生可能エネルギーの割合を60％に，同じく発電の割合
を80％に高めることが討論の前提であったはずだが，総論賛成各論反対で異
論がもっとも集中した。社会基盤に関しては，電力アウトバーンの是非（分散
型陸上風力と組み合わせるべき），地下ケーブル化の検討，電力事業者と中央
官庁による情報独占などが争点となった。市民参加の問題では，政治的決定が
先行し，社会的合意が部分的にしか形成されていないことが指摘され，具体的
な改善策がさまざまに提案された。最後に，テプファーのまとめは，核脱却を
含むエネルギー転換をどのように進めるべきかは明らかになったが，経済的ポ
テンシャルが充分に解明されなかったこと，市民社会の推進力が専門的実践と
結びつけば大きな成果が期待できるというもので，今日の議論を踏まえて検証
した上で報告を出すと締めくくった。このような市民対話は，核電建設をめぐ
り（どれほど不公平・一方的であろうと）1970年代から幾度となく行われて
きたが，政治家・専門家・市民が公開で対等に討論する場としては貴重な経験
であったと思われる。

4 政治的決定から社会的合意形成へ（2011～2018年）

　メルケル首相は，レオポルディナ，核炉安全委員会，倫理委員会の討議と見
解を踏まえて，6月9日，8法案と1指令を含む次の提案と説明を行った。

・核法の改訂によって，2022 年末までに核エネルギーの利用に終止符を打ち，最古の 7 核電とクリュンメル核電は即時廃炉とする。
・2011 年末までに最終貯蔵の規制法案を提出する。
・8 核電の停止後も供給の安定性を確保するために，化石燃料発電所による予備容量を確保する。
・高圧送電線網を建設する国家計画をつくる。
・エネルギー経済法の改訂によって送電線網の増設と，スマートメーターを含むスマートグリッド，蓄電技術の開発を進める。
・陸海風力発電を強化する。市場プレミアムを導入する。
・再生可能エネルギー法賦課金を抑える。
・熱電併給法の改訂によって，高効率の石炭・ガス発電所を新増設する。
・建物近代化によってエネルギー消費を大幅に減らし，二酸化炭素の排出を削減する。

　最後に，メルケルは，エネルギー転換における世界の先駆者としてのドイツの倫理的責任を強調した。「われわれは，未来の潮流への転機をつくりだす世界で最初の工業先進国となる。我が国は理念の国であり……政府と野党，連邦と州，自治体，社会全体が，われわれ全員が共同して取り組めば，この未来のプロジェクトで倫理的責任を経済的成功と結びつけることができる。これがわれわれの共同責任だ」(壽福 2013b：33)。

　最終的に，連邦議会でも参議院でもこれらは可決された。しかし，風力発電パークや電力アウトバーンの建設問題が象徴しているように，政治的決定はなされたが，社会的合意形成は現在も続く課題となっている。しかも，ドイツのエネルギー転換が成功するかどうかは，ヨーロッパ連合でどのような合意を形成できるのか，さらには国際的な同盟をどう築いていくのかにもかかっているのだから，直面する課題は緊急でかつ巨大であると言わなければならない（ヘニッケ／ヴェルフェンス 2018）。

5 おわりに

日独のエネルギー政策の形成（・決定）過程を比較する場合には，歴史的・文化的・知性的な条件の相違に注意しなければならず，安易に優劣を論ずる愚を犯してはならない。しかし，政治的合意に至る過程で，政治家と専門家が同席して政策課題を研究し議論する場，政府の諮問委員会，それらを踏まえた政治家・専門家・ジャーナリスト・市民の相互対話，しかも重層的なチャンネルを形成する点，その意味で社会的合意形成の努力を続ける点，政治的決定・執行後も社会的合意を深化させるためにフィードバック，フィードフォワードを継続的に行う制度化をする点など，われわれが研究し学ぶべきことがたくさんある。

日本の核エネルギー政策は逆行したかに見えるが，しかし，福島を体験したわれわれが福島以前の水準で議論し決断し行動することは，今なお苦しんでいる被曝者・避難者にたいしてはもとより，世界の人々にたいする責任という視点からもけっして許されないだろう。この意味でも，核脱却を含むエネルギー転換を実践し，直面する課題と格闘し続けているドイツと比較研究することは重要だと言わなければならない。

文 献

エネルギー・環境に関する選択肢（2012），（https://www.env.go.jp/council/06earth/y060-110/mat01_2.pdf．2012 年 10 月 21 日閲覧）

エネルギー・環境に関する選択肢〔概要〕（2012），（https://www.env.go.jp/council/06earth/y060-110/mat01_1.pdf）

エネルギー基本計画（2014），（http://www.enecho.meti.go.jp/category/others/basic_plan/pdf/140411.pdf．2012 年 10 月 21 日閲覧）

大島堅一（2013）「エネルギー政策転換の到達点と課題」，『環境と公害』第 43 巻第 1 号，岩波書店

革新的エネルギー・環境戦略（2012），（http://www.cas.go.jp/jp/seisaku/npu/policy09/pdf/20120914/20120914_1.pdf．2012 年 10 月 21 日閲覧）

川崎市（2012），エネルギー・環境戦略 市民討議報告書（速報版），（http://www.zenkoku-net.org/ene-kan-kikin24/pdf/120817_02.pdf．2012 年 10 月 21 日閲覧）

原子力委員会（2012a），原子力委員会新大綱策定会議（内閣府）（http://www.aec.go.jp/jicst/NC/tyoki/tyoki_sakutei.htm．2012 年 10 月 21 日閲覧）

コスト等検証委員会報告書資料（2012）「発電コストの比較」（http://www.enecho.meti. go.jp/committee/council/basic_policy_subcommittee/past/003/pdf/003_004.pdf. 2012 年 10 月 21 日閲覧）

コスト等検証委員会（2012b）「証拠照会」（https://www.cas.go.jp/jp/seisaku/npu/pol-icy09/archive02_callforEvidence.html. 2013 年 2 月 13 日閲覧）

コモナー，バリー（1979）『エネルギー――危機の実態と展望』時事通信社

壽福眞美（2012）「規範理論，討議民主主義的政治，アソシエーション」，舩橋晴俊／壽福眞美編『規範理論の探究と公共圏の可能性』法政大学出版局，67-104 頁

壽福眞美（2013a）「社会運動，討議民主主義，社会・政治的「合意」」，舩橋晴俊／壽福眞美編『公共圏と熟議民主主義』法政大学出版局，239-271 頁

壽福眞美（2013b）「専門知，社会的公開対話，政治的決定」，大原社会問題研究所『大原社会問題研究所雑誌』第 661 号，20-35 頁

壽福眞美（2016）「専門家討議，市民参加，政治的意思形成」，舩橋晴俊／壽福眞美『持続可能なエネルギー社会へ――ドイツの現在，未来の日本』法政大学出版局，85-141 頁

壽福眞美（2018）『資料で見る　ドイツ「エネルギー転換」の歩み』相模プリント

曽根泰教（2014）「原子力政策と討論型世論調査」，日本公共政策学会『公共政策研究』第 14 号

槌屋治紀（1980）『エネルギー耕作型文明――エネルギー自立へのシナリオ』東洋経済新報社

討論型世論調査（2012），エネルギー・環境の選択肢に関する討論型世論調査　実行委員会『エネルギー・環境の選択肢に関する討論型世論調査　調査報告書』，2012 年 8 月 27 日（改訂版）（http://keiodp.sfc.keio.ac.jp/wpcontent/uploads/% E3% 82% A8% E3% 83% 8D% E3% 83% AB% E3% 82% AE% E3% 83% BC% E3% 83% BB% E7% 92% B0% E5% A2% 83DP% E8% AA% BF% E6% 9F% BB% E5% A0% B1% E5% 91% 8A% E6% 9B% B8.pdf. 2017 年 8 月 11 日閲覧）

ヘニッケ，ペーター（2016）「エネルギー転換――好機と挑戦」，舩橋晴俊／壽福眞美編『持続可能なエネルギー社会へ――ドイツの現在，未来の日本』法政大学出版局

ヘニッケ／ヴェルフェンス（2018）『福島核電事故を経たエネルギー転換』新評論

宮城崇志（2014）「革新的エネルギー・環境戦略の政策決定過程」，柳下正治編著『徹底討議　日本のエネルギー・環境戦略』上智大学出版

柳瀬昇／柳下正治（2014）「「革新的エネルギー・環境戦略」策定に向けた国民的議論」，柳下正治編著『徹底討議　日本のエネルギー・環境戦略』上智大学出版

ロビンズ，エイモリー・ブロック（1979）『ソフト・エネルギー・パス――永続的平和への道』時事通信社

AtomkraftwerkePlag（2017），Meinungsfragen zur Atomkraft（http://de.atomkraftwerke-plag.wikia.com/wiki/Meinungsumfragen zur Atomkradft）.

BMWi（2018），Bundesministerium für Wirtschaft und Energie, Erneuerbare Energien（https://www.bmwi.de/Redaktion/DE/Dossier/erneuerbare-energien.html）.

Hennicke, Peter（2017a），The Energy Transition as a Core Strategy for a Green Economy, Symposium "Climate Change and Economy", Duncun DC, Canada.

Hennicke, Peter (2017b), Possible Longterm Energy Futures and Impulses for the Energy Transition in Germany, Impulses for the Outreach Session of the GJETC, Tokyo.

Krause, Florentin/Bossel, Hartmut/Müller-Reissmann (1980), Energie-Wende. Wachstum und Wohlstand ohne Erdöl und Uran, Frankfurt am Main; S.Fischer Verlag.

Lovins, Amory Bloch (1977), Soft Energy Paths. Toward a Durable Peace, Pensacola, Florida; Ballinger Publishing Company (Sanfte Energie, Für einen dauerhaften Frieden, Hamburg 1978; Rowohlt Taschenbuch Verlag.)

Öko-Institut (1980), Energieversorgung der Bundesrepublik ohne Kernenergie und Erdöl, Freiburg. (壽福 2018：243–262)

第3章

パリ合意に逆行しない日本のエネルギー政策および気候変動政策を策定するために

明日香壽川

1 はじめに

　世界の気候変動を専門とする数千人の科学者および各国政府代表が関わる「気候変動に関する政府間パネル」（IPCC）は，1990年第1次報告書を発表して以来，5次にわたり評価報告書を公表している。これら評価報告書は，気候が大きく変動していることは疑う余地がないことを示し，20世紀半ば以降に観測された世界平均気温の急激な上昇は，人為起源の温室効果ガス濃度の増加によってもたらされたことを明らかにしている。また，これら評価報告書は，世界で起きている熱波，豪雨，洪水，干ばつ，ハリケーンなどの極端な現象[1]の頻度増加や大量の死者を含む影響の大きさの拡大傾向に，人為起源の温室効果ガスの排出増加が関係していることも明らかにしている。

　これらの科学的事実をもとに，1992年，気候変動問題に関する国際的な枠組みを設定した国連気候変動枠組条約（UNFCCC）が締結され，「気候系に対する危険な人為的影響を防止する水準で大気中の温室効果ガス濃度を安定化さ

---

[1]　「極端な現象」とは，IPCCの評価報告書で記述されている「extreme event」に対応する気象用語で，大雨や熱波，干ばつなど上記の「異常気象」と同様の現象を指す。ただし，「異常気象」が30年に1回以下のかなり稀な現象であるのに対し，「極端な現象」は日降水量100 mmの大雨など毎年起こるような，比較的頻繁に起こる現象まで含む。

73

せること」が究極的な目的として規定された（条約2条）。その後，2015年には UNFCCC をより強化・具体化したパリ協定が国連で採択され，110か国が批准して2016年11月4日に発効した。

しかし，このような世界の動きに対して，日本のエネルギー政策および温暖化政策は逆行している。それは，2012年以降，日本で約50件の石炭火力発電所新設計画が乱立していることが明瞭に示している。国際社会からの具体的な批判も強くなっており，研究機関などによる各国の温暖化対策比較などにおいて，日本は主要国ではつねに下位に位置している。

このような状況のもと，本章では，第2節で気候変動による影響，第3節で気候変動対策の国際的・国内枠組みを概述する。第4節では，日本での石炭火力発電新設と政府施策との不整合性を明らかにする。第5節では，このような状況をもたらした日本での政策決定システムの課題を指摘する。第6節では，筆者が原告として関わっている仙台港における石炭火力発電所（仙台パワーステーション：仙台PS）の稼働差し止め訴訟を紹介する。最後の第7節でまとめる。

2　気候変動による影響

気候変動は，すでに世界および日本において，きわめて甚大な人的被害をもたらしている。すなわち，多くの人々の命を奪い，健康を損ない，財産を奪っている。ここでは，その被害状況に関して，特に日本でも顕著になっている気温変化（熱波）と降水量変化（集中豪雨）の二つに注目して述べる。

1）熱波と集中豪雨の増加

2003年夏にヨーロッパを襲った熱波は，フランスの約1万4千人を筆頭に西ヨーロッパ各地で総計2万2千人を超える超過死亡・過剰死亡者を生んだ（Eurosurveillance 2004年3月11日）。また，その他の新聞報道などによると，2017年夏には，ヨーロッパで気温40度を超える地域が続出し，米国南西部では52.8度を記録した。また，世界各地で大規模な山火事が発生し，ポルトガルの山火事では61人が死亡，クロアチアの山火事では4500ha が消失している。

ごく最近では，2017 年 8 月に，カリブ海諸国や米国フロリダ州を襲ったハリケーン・ハーベイでは，少なくとも 60 人が死亡，32,000 人が避難を強いられた。続くハリケーン・イルマでは，カリブ海諸国で少なくとも 40 人が死亡したほか，米フロリダ州では洪水が相次ぎ，周辺の州も合わせておよそ 730 万戸が停電した。

日本でも，2017 年 7 月に福岡県と大分県を中心として発生した集中豪雨では，両県を中心にした合計約 51 万 7900 人に避難指示や避難勧告が出された。最終的な犠牲者は，福岡県で 31 人，大分県日田市で 3 人の計 34 人であった。また，一部損壊以上は計 199 棟，床上床下浸水は計 464 棟の住宅被害が発生した（消防庁発表 2017 年 9 月 8 日）。

しかし，これらの被害は氷山の一角でしかない。気候変動などによる避難に関する研究機関である IDMC（Internal Displacement Monitoring Center）は，2008 年以来，毎年平均 2150 万人が，洪水，嵐，山火事，極端な気温などの突然生じる天候に関わる災害によって避難を強いられているとしている（IDMC 2016）。

2）気候変動難民

気候変動は，軍事的紛争の直接的・間接的な要因にもなっている。すなわち，ダルフールからソマリア，イラクそしてシリアまで今日の多くの地域紛争において，気候変動は「脅威の乗数」とされている。例えば，シリア紛争を導いた大きな要因の一つとして，シリア北東部で生じた 5 年間の干ばつによって約 150 万人が都市部への移住を強いられたことがある。これが都市部での政治的緊張を高め，結果的に武装蜂起につながったと多くの研究者によって指摘されている（De Châtel 2014; Kelley et al 2015）。

開発問題を専門とする研究機関である英国 ODI（Overseas Development Institute）の研究者は，このまま温室効果ガスの排出による温度上昇が続くと，2030〜2050 年に農業生産の低下，水不足，商品価格上昇，栄養不良などによって，世界全体で 7 億 2000 万の人々が貧困層に逆戻りすると報告している。その中の少なからぬ人は，家・家畜・土地・家族などを失うことで難民となり，国内外における対立や紛争の要因となる（Granoff et al. 2015）。

このような気候変動の被害の大きさに関して，スイスの再保険会社である Swiss Re は，2015 年に世界で起きた，台風，洪水，干ばつといった気候関連の災害（自然災害と人為的災害の両方を含む）で発生した保険損害額は約 370 億ドル（約 4 兆円）に達したと報告している（Swiss Re 2017）。言うまでもなく，この保険損害額は被害額の一部でしかない。

3) 極端現象と人為的温室効果ガス排出との関係

現在の科学は，統計的な方法などを用いて，個別の極端な現象の発生確率が人為的な温室効果ガス排出によってどれくらい大きくなるかを明らかにすることができる。たとえば，WWA（World Weather Attribution）という英オックスフォード大学，豪メルボルン大学，オランダ政府の気象研究機関，国際赤十字らの研究者が結成した共同研究グループによると，2017 年 6 月に西ヨーロッパを襲った熱波（1981 年〜2010 年に比較して月平均気温が約 3℃ 上昇）のような極端な現象が発生する確率は，人為的な温室効果ガス排出によって，ベルギーでは 2 倍，フランス，スイス，オランダ，中部イングランドでは 4 倍，ポルトガルとスペインでは 10 倍高くなったと試算している（WWA 2017）。

一般に，温暖化と特定の極端な現象との一対一のレベルでの因果関係を明らかにすることは難しいと考えられてきた。しかし近年では，前述のように，現在の科学は，特に熱波と集中豪雨に関して，人為的な温室効果ガスの排出と具体的な被害の因果関係をかなり定量的に明らかにすることができるレベルにいたっている。その理由は，(1) 災害などの統計データの整備，(2) コンピューターによるシミュレーションモデルの精度の向上，などである。また，実際に気温上昇によって産業革命以降，水蒸気の濃度が約 3% 上昇していることや温室効果によって地球に追加的に蓄えられた熱エネルギーの具体的な大きさが明らかになっていることなどから，それらによる気温上昇や降雨量の変化などの気候変動が，地域レベルでもある程度は正確に予測できるようになっている。

3　気候変動対策の国際・国内枠組み

ここでは，すでに多大な被害をもたらしている気候変動の脅威に対応するた

76　　第一部　分析と提言

めの国際枠組みおよび日本国内での枠組みについて述べる。同時に，温室効果ガスの排出を結果的に助長している日本のエネルギー政策の問題点について指摘する。

1）国際枠組み（パリ協定など）

　2015年，UNFCCC第21回締約国会議（COP21）がフランスのパリにて開催され，パリ協定が採択された。パリ協定は，UNFCCCの実施を促進する上で，気候変動の脅威に対する世界全体での対応を強化することを目的としており，長期的目標として，産業革命以降の気温上昇を2℃未満に抑制するという，いわゆる2℃目標が設定され，1.5℃未満に抑制するよう努力することにも言及された。

　また，パリ協定は，2050年後半までに温室効果ガスの排出を実質的にゼロとする目標も規定した。さらに，すべての加盟国が，温室効果ガスの具体的な削減目標を申告し，削減量を増やす方向で5年ごとに見直すことになっている。最初の評価は2023年に行われるとされており，今世紀後半には，人為的な排出量と森林などによる吸収量を均衡させることを目指している。

　日本は，2015年7月17日，2020年以降の温室効果ガス削減に向けて，温室効果ガス排出削減数値目標などを含む約束草案を決定し，同日国連に提出した。その内容は，国内の排出削減・吸収量の確保により，温室効果ガスを2030年度に2013年度比で26％減（2005年度比では，25.4％の削減）の水準（約10億4200万トンCO_2）とするものである。これが，日本がパリ協定のもとで実施する目標となっている。

　しかし，この日本の温室効果ガス排出削減数値目標は，上記のパリ協定にある2℃目標などの順守には不十分である。なぜなら，前述の2℃目標などの達成のためには，石炭火力発電の利用を先進国では即時停止，途上国でも新設を禁止するレベルの対策が必要だからである。そして実際に，イギリス，ドイツ，中国など多くの国が，日本よりも厳しい温室効果ガス排出削減目標を持ち，石炭火力発電所の建設禁止・抑制などの脱石炭政策をとりつつある。

　また，政府だけではなく，現在，多くの企業，金融・保険機関，年金基金，投資家，地方自治体，財団，教会などが，化石燃料会社からのダイベストメン

第3章　パリ合意に逆行しない日本のエネルギー政策および気候変動政策……　　77

ト（divestment：投資撤退）を表明しており，これは大きな世界的な潮流となっている。2017年9月時点で，このダイベストメントに賛同して参加している組織の数は世界中で750余りであり，それらの保有資産合計額は5兆5000億ドル（約590兆円）に達する。具体的には，ノルウェー政府年金基金，アクサ，スタンフォード大学（米），オックスフォード（英），バンク・オブ・アメリカ，ING，シティバンクグループ，ベルリン市，ロンドン市，ロックフェラー財団，世界教会協議会，ルター派世界連盟，などの組織である（Fossil Free 2017）。

　実際に，日本の温室効果ガス排出削減目標や日本の温暖化対策に対する研究機関などによる評価はきわめて低い。たとえば，クライメート・アクション・トラッカーという欧州の複数の研究機関の連合体は，日本のパリ協定における温室効果ガス排出削減数値目標を「きわめて不十分（highly insufficient）」として，EUやインドなどの温室効果ガス排出削減数値目標よりも低く評価している（Climate Action Tracker 2017）。また，ドイツのジャーマン・ウォッチというシンクタンクは，各国の気候変動対策全体の相対的な強度を，排出量，排出量の変化，効率，再生可能エネルギー導入状況，政策の5つの分野における15の指標で評価しているが，対象とした主要排出国58か国の中で，日本は下から2番目の57番目である[2]（Burk et al. 2017）。これら以外にも，日本の温室効果ガス排出削減数値目標や温暖化政策は，他の主要国に比較して不十分であるという国際的な評価は複数ある。また，2017年9月時点で，上記のダイベストメントに参加している組織も日本はゼロである。

2) 国内枠組み

1　日本の温室効果ガス排出削減目標

　前述のように，日本政府が国連に提出した約束草案では，国内の排出削減・吸収量の確保により，温室効果ガスを2030年度に2013年度比で26％減（2005年度比では，25.4％の削減）の水準（約10億4200万CO_2）との目標を掲げている。

2）　最下位はサウジアラビアとなっている。

一方，日本政府は，長期的な削減についても，2050 年までに 80％の温室効果ガスの排出削減を目指すこととした。環境省中央環境審議会地球環境部会が，2017 年 3 月 16 日付で取りまとめた「長期低炭素ビジョン」でも，2050 年度には低炭素電源（再生可能エネルギー，原子力発電など）が 9 割以上を占めている。

　しかし，2030 年から 2050 年の間のわずか 20 年間で 80％削減を実現するのは，年間に必要な削減率を考えるときわめて難しい。すなわち，2030 年目標と 2050 年目標が不整合という問題を日本のエネルギー・温暖化政策は抱えている。

2　日本政府のエネルギー・温暖化政策における矛盾する二つの流れ

　これまで述べたように，日本の目標はパリ協定で規定された 2℃目標などを達成するには不十分であり，日本の 2030 年目標と 2050 年目標も不整合である。

　このような状況になってしまっている理由としては，日本政府のエネルギー・温暖化政策，特に電力自由化とエネルギー基本計画における石炭重視の二つがある。そのような状況で生まれた「鬼子」が，日本での 50 件におよぶ石炭火力発電新設計画である。以下，この二つについて説明する。

　第一の電力自由化は，2016 年 4 月 1 日，日本で電力の小売業への参入が全面自由化されたことで本格的に始まった。電力小売全面自由化によって新たに開放される電力市場は年間約 8 兆円の市場規模があるとされ，多くの事業者が，新たな需要の獲得を目指して参入するとともに，既存の電力会社同士の競争も活発化している。そのために，地域住民の健康被害や気候変動促進などを無視して，現時点での市場価格で比べれば，より安価な燃料である石炭火力を多くの事業者が選択し，日本政府がそれを容認してしまった。

　第二のエネルギー基本計画は，2015 年に策定された長期エネルギー需給見通しとともに策定された。長期エネルギー需給見通しでは，エネルギー・ミックスとして 2030 年度の電力需給構造（石炭約 26％，LNG 約 27％，石油約 3％で火力合計約 56％）が示され，エネルギー基本計画では，石炭は「ベースロード電源」とされた。これらが政府による「石炭火力新設は OK」「厳しい温暖化対策は当分ない」というような産業界へのメッセージとなり，現自民党

第 3 章　パリ合意に逆行しない日本のエネルギー政策および気候変動政策……　79

政権の前の民主党政権までは止まっていた石炭火力発電の建設計画がまさに雨後の竹の子のように発表された。

このような石炭火力発電を促進するような流れを止めないと長期エネルギー需給見通しなどで定めた石炭 26％という目標すら守れないことを危惧した日本政府は、現在、追加的な施策によって石炭火力による発電を規制しようとしている。これについて、2016 年版の資源エネルギー白書に基づいて以下に示す。

まず、2015 年 7 月に発表された主要な事業者が参加する電力業界の自主的枠組み、特に国のエネルギー・ミックス及び二酸化炭素排出削減目標と整合性があると主張する二酸化炭素排出係数 0.37 kg-CO$_2$/kWh という目標が設定された。2016 年 2 月には、電気事業低炭素社会協議会が発足し、事業者が削減計画を策定し、業界全体を含めて PDCA[3]を行うなどの仕組みやルールが発表された（ただし、具体性には欠けている）。これらは、政府と電気事業者との協議の上で生まれたものである。

この自主的枠組みの目標達成に向けた取組みを促すため、政府は、省エネ法・高度化法に基づく政策的対応を行うことにより、電力自由化の下で、電力業界全体の取り組みの実効性を確保していくこととしている。

省エネ法（エネルギーの使用の合理化等に関する法律）は石油危機を契機に制定された、エネルギー需要サイドの化石燃料の使用の合理化を求める法律である。省エネ法においてこれまでも火力発電設備の性能に関するベンチマーク指標が設けられてきた。しかし、エネルギー・ミックスの実現に向けて、これは実際の運転時の発電効率を評価する指標に見直された。これによって、発電段階で、エネルギー・ミックスと整合的な発電効率の向上を求めるとしている。

また、高度化法（エネルギー供給事業者による非化石エネルギー源の利用及び化石エネルギー原料の有効な利用の促進に関する法律）は、エネルギー供給サイドにおける非化石エネルギー利用等を促してきた法律である。今回、これをエネルギー・ミックスの改訂にあわせて、小売電気事業者に非化石電源比率 44％を求めることとしている。これによって、小売段階で、エネルギー・ミッ

---

3) Plan（計画）→ Do（実行）→ Check（評価）→ Act（改善）の 4 段階を繰り返すことによって、業務を継続的に改善すること。

クスと整合的な販売電力の低炭素化を進めようとしている。

　これを踏まえ，政府は，以下の事項を含め，引き続き「東京電力の火力電源入札に関する関係局長級会議取りまとめ」（2013 年 4 月）に沿って実効性ある対策に取り組むとしている。

〈自主的枠組みについて〉

・引き続き実効性・透明性の向上を促すとともに，掲げた目標の達成に真摯に取り組むことを促す。

・国の審議会（産業構造審議会産業技術環境分科会地球環境小委員会資源・エネルギーワーキンググループ）においても電力業界の自主的枠組みにおける取り組み等をフォローアップする。

〈政策的対応〉

・省エネ法に基づき，発電事業者に，新設の発電設備について，発電設備単位で，エネルギー・ミックスで想定する発電効率の基準を満たすこと（石炭 42.0％以上，LNG50.5％以上，石油等 39.0％以上）を求める。また，既設の発電設備について，発電事業者単位で，エネルギー・ミックスで想定する発電実績の効率（火力発電効率 A 注指標について目指すべき水準を 1.00 以上（発電効率の目標値が石炭 41％，LNG48％，石油等 39％（いずれも発電端・高位発熱量基準）が前提），火力発電効率 B 注指標について目指すべき水準として 44.3％（発電端・高位発熱量基準）以上）という基準を満たすことを求める。

・高度化法に基づき，小売電気事業者に，販売する電力のうち，非化石電源が占める割合を 44％以上とすることを求める。

・電力の小売営業に関する指針上で CO_2 調整後排出係数の記載を望ましい行為と位置づける。

・地球温暖化対策推進法政省令に基づき，すべての小売電気事業者に，温室効果ガス排出量算定・報告・公表制度のための CO_2 排出係数の実績の報告の協力を要請し，公表する（さらに，報告対象に前々年度の実績等を追加し，報告内容の充実を図る。）当面，以上により取り組んでいくことで

より，電力業界全体の取り組みの実効性・透明性を確保する。また，2030年度の削減目標やエネルギー・ミックスと整合する2030年度に排出係数0.37kg-CO$_2$/kWhという目標を確実に達成していくために，これらの取り組みが継続的に実効を上げているか，毎年度，その進捗状況を評価する。電気事業分野からの排出量や排出係数等の状況を評価し，0.37kg-CO$_2$/kWhの達成ができないと判断される場合には，施策の見直し等について検討する。

　このように，一応，石炭火力が増加するのを何とかして止めようとするような施策や規制は作られている。しかし，これらの施策の問題点は，(1)原子力発電も含めた電力業界全体の目標あるいは規制であり，かつ2030年という今から10数年後の将来の目標であるため，現在起きている個々の石炭火力発電所建設に対する十分な歯止めにはなっていない，(2)省エネ法による規制は，それが導入される前に工事認可をとった仙台PS（本章第6節で後述）のような事業者には適用されない（仙台PSは，旧式の亜臨界型発電であり発電効率は40％以下という低効率である。一方，政府が定める現状の省エネ基準をみたす発電効率は42％という高効率である），などである。

　なお，2017年1月，日本政府によって，電力会社全体の温室効果ガス排出係数の2013年度実績は0.531 kg-CO$_2$/kWhであるとする第1回のフォローアップが公表された。政府はこれに対して問題だとしたものの，具体的な改善案は業界からは出ておらず，政府の対応は明らかに不十分である。

4　石炭火力新設と政府施策との不整合

　ここでは，現在，日本で計画されている石炭火力発電が実際に建設・稼働した場合の温室効果ガス排出量と政府計画（エネルギー・ミックス）との不整合について，栗山・田村（2016），大久保・北風（2017）などに基づいて，より具体的に述べる。

1) 供給計画を上回る増加容量

前出の政府による「長期エネルギー需給見通し」(2015年) では，国内電力分野 CO_2 排出量の2030年時点における総量目標を3.6億トン CO_2 としている。しかし，国内電力分野 CO_2 排出量は現状ですでに5億トン CO_2 を超えている。

そのような状況で，現時点で電力会社等が公表している40件あまりの石炭火力発電の新増設計画（設備容量1860万kW）のうち，2026年度までに稼働するものは合計1800万kWである。この新増設計画がそのまま実行されれば，廃炉を考慮しても2026年度までに石炭火力の設備容量は1649万kWの増加となる。一方，政府の供給計画では，前出の国内電力分野 CO_2 排出量の2030年目標（3.6億トン CO_2）に整合的な2026年度の石炭火力の設備容量は2016

図1　石炭火力発電所建設計画

注：2012年から現在まで50基（2,332.3万kW）の新規計画があり，そのすべての計画をマップにマークで示している。

（出典：気候ネットワーク：石炭発電ウォッチ http://sekitan.jp/plant-map/ja/v）

年度から833万kW増の5168万kWとなっている。すなわち，電力会社が新設しようとしている石炭火力の増加容量（1649万kW）は，政府の供給計画の増加容量（833万kW）の約2倍もの大きさとなっている（栗山・田村2016）。

日本では，2012年から現在まで50基（2,332.3万kW）の新規計画がある。その内訳は，全計画数50基（2332.3万kW），うち計画中止4基（231.2万kW），うち稼働中4基（50.0万kW），うち計画中42基（2051.1万kW）である。すでに4基が稼動開始，年間で推計271.0万トンのCO_2を排出しており，さらに計画中の42基が建設・稼動されれば年間で推計1億1855.6万トンのCO_2が排出されることになる（気候ネットワーク2017）。

栗山・田村（2016）によると，仮に現在建設計画中のすべての火力発電所が稼働すれば，政府のエネルギー・ミックスで想定されている設備利用率である70％で運転すると，日本政府が国連に提出した約束草案が定めるエネルギー・ミックスと整合するCO_2排出量を大幅に超過してしまう（具体的には，2030年時点の石炭火力発電所からのCO_2排出量は約5800万トンCO_2超過し，ガス火力発電所からのCO_2排出量は約6700万トンCO_2超過し，合計で約1億2500万トンCO_2の排出量が超過することになる）。

2）必要となる設備利用率の低下

前述の政府のエネルギー・ミックスや電力需給構造を電力会社が達成しようとすると，論理的には，石炭火力発電所の設備利用率を自主的に下げる必要性がある。なぜなら，日本政府が合意した2030年目標に基づくと，稼働年数40年超の老朽設備を順次廃止することを前提に，現在明らかになっている新増設及びリプレース（燃料を石炭に変更すること）を含む石炭火力発電所がすべて稼働する場合，想定される石炭火力発電の設備容量は，政府計画を大きく超える5600万kWとなるからである。したがって，前出の2030年の電力分野CO_2排出量目標値（3.6億トンCO_2）や日本がコミットしている温室効果ガス排出を排出削減目標以下に抑えるために，すべての石炭火力発電所の設備利用率を一律に調整するとすれば，日本の複数の研究機関の試算によると，平均60％以下に設備利用率を抑える必要がある（栗山・田村2016；大久保・北風

2017)。他方，政府のエネルギー・ミックスで想定されている設備利用率は，前述のように石炭火力，ガス火力のいずれも70%である（この値が採算ベースと考えられる）。もちろん，企業が採算性を無視して設備利用率を下げるとは考えにくく，政府による何らかの規制強化が実際には必要とされる。しかし，現状では政府審議会などで本格的に議論されておらず，日本政府にそのような規制の早急な導入は期待できない。

3）長期目標との不整合

石炭火力発電所新設は，日本政府の長期目標（2050年に温室効果ガス排出を80%削減）とも整合性がない。すなわち，仮に既存および現在計画されているすべての石炭・ガス火力発電所が稼働した場合，2030年目標と整合するように老朽火力の廃止や稼働率抑制などを行ったとしても，石炭火力発電所からのCO_2排出量が8900万トンCO_2，ガス火力発電所からのCO_2排出量が7800万トンCO_2，合計で1億6700万トンCO_2となり，一つの産業だけで，2050年80%削減目標が実現した場合の日本全体の温室効果ガス排出量の62〜68%を占めることになる（栗山・田村2016）。したがって，2050年目標と整合するためには，新増設・リプレースの火力発電所の利用に対しても，稼働年数の短縮や稼働率抑制といった措置が必要不可欠となり，2030年目標達成時に必要となる条件よりも厳しい条件が求められるのである。

4）具体的な対応策の欠如

このように，日本は，石炭火力発電量および発電設備を大幅に削減する必要があるにもかかわらず，仙台PSを含む大手電力会社らによる石炭火力発電所新設計画が40件以上もあり，石炭火力発電所新設を抑制するような政府施策は実効性を欠く，という矛盾したあるいは混沌とした状況にある。

電力業界は，前述のように「電力部門における0.37kg-CO_2/kWhという排出原単位目標を達成するために，比較的年式の新しい設備を平均より高い設備利用率で運転し，年式の古い設備を低い設備利用率で運転する」などを事業者間で調整すると表明してはいる。しかし，現時点では，その具体的道筋をまったく示していない。

現実問題として，その採算性から，個々の発電事業者が設備利用率を自主的に抑えるとは考え難い。現在の自主的枠組み及び政府による政策的措置は，発電効率の基準を設けるものであり，老朽火力の廃止や，設備利用率の抑制などの行為自体を直接的に管理するものにもなっていない。

5　これまでの温室効果ガス排出削減数値目標策定プロセス

これまで述べたように，温暖化問題およびエネルギー問題に関わる政策を考えるなかで，政策決定プロセスは非常に重要である。

過去，日本においては，京都議定書（1997 年），中期目標（2009 年），民主党 25％削減（2011 年），エネルギー環境会議（2012 年），エネルギー基本計画・長期需給見通し・約束草案（2015 年）の合計 5 回の GHG 排出削減数値目標に関する政策決定プロセスがあった。また，これと前後，あるいは並行してエネルギー・ミックスの策定も行われた。ここでは，JUST（2017）に基づいて，過去の経緯を振り返りながら望ましいプロセスについて考える[4]。

1）各策定プロセスの概要

表 1 は，主に GHG 排出削減数値目標に関する各政策決定プロセスを，社会背景，使用されたエネルギー経済モデル，選択肢，最終決定，関連法の制定という 5 点から整理したものである。

1997 年の京都議定書の際は，数値目標に関するオープンな議論の場すら設定されておらず，モデルによる議論も想定されていなかった。国際交渉の結果として決定した日本の目標（2008～2012 年平均で 1990 年比 6％削減）も論理的な根拠は乏しく，結果的に「京都議定書は不公平」という国内からの主張を生むことになった。

2009 年の中期目標（2020 年目標）では，政府が「中期目標検討委員会」を

---

4)　JUST は，筆者も関わっている研究者グループ「日本のエネルギー・ミックスと温暖化目標を考える研究者グループ（Japan's Union of Concerned Scientists on Energy Mix and Climate Target）の略称である。ここでの記述は JUST（2017）に基づいている。

86　　第一部　分析と提言

設置し，初めて複数の選択肢がエネルギー経済モデルを用いて定量的に議論された。また，数値目標差異化基準として先進国全体限界削減費用均等などが用いられ，それらの基準を採用することの是非は別としても，一定の差異化基準によって日本の数値目標の相対化が試みられた。

表1　これまでの数値目標プロセスの概要

	社会背景	使用されたエネルギー経済モデル	選択肢	最終決定	関連法の制定
京都議定書 (1997)	COP3のために，日本の温室効果ガス(GHG)排出削減数値目標を検討。	オープンな議論の場すら設定されておらず，モデルによる議論も想定されていなかった。	先進国の基準削減率を一律5％。GDP当たり排出量，人口増加率の3つの差異化基準とすることなどを提案。	2008年〜2012年の5年間で1990年に比べて日本は6％削減。	「地球温暖化対策の推進に関する法律」制定。これに基づく「京都議定書目標達成計画」が閣議決定。
中期目標 (2009)	「中期目標(2020年目標)」検討委員会」が設置されて選択肢を議論。	日本エネルギー経済研究所，国立環境研究所，地球産業技術研究機構，慶応大学。	努力継続，先進国全体限界削減費用均等，最大導入，先進国全体−25％，対策強化・義務付け導入，先進国一律25％の6つの選択肢。	2020年に2005年比15％削減。	太陽光発電の余剰電力買取制度の導入等を決定。
民主党-25％目標 (2011)	中環審地球環境部会中長期ロードマップ小委員会が25％削減を実現した社会の姿を示す。	国立環境研究所，日本経済研究センター，慶応大学，大阪大学，名古屋大学，日本経済研究センター，東京大学。	1990年比25％削減。	2011年の福島第一原発事故を受けて25％削減の撤回を表明。	中長期目標を明記した「地球温暖化対策基本法案」を国会に提出したものの，2012年11月衆議院解散により廃案。
エネルギー・環境会議 (2012)	「エネルギー・環境会議」。同時に，各電源発電コストなど関する「コスト等検証委員会」を設置。	地球環境産業技術研究機構，国立環境研究所，慶応大学，大阪大学。	原発発電量の割合が0％，15〜20％，25％の3つの選択肢。経済的影響として世帯当たりの電力料金上昇額やGDP減少率などを公表。	国内における2030年時点の温室効果ガス排出量の概ね2割を削減(1990年比)。	「革新的エネルギー・環境戦略」自体の閣議決定は見送られた。ただし，「今後のエネルギー・環境政策について」は閣議決定 5)。
エネルギー基本計画・長期需給見通し・約束草案 (2015)	長期エネルギー需給見通し小委員会の見通しを受けて，中環審議会・産構審合同会が約束草案要綱を取りまとめ。	発表された数値などは政府が内部で試算したものであり，特定の研究機関への委託はなし。	選択肢は示されなかった。	2030年までに温室効果ガス排出量の2013年比26％削減(1990年比18％削減)。	「地球温暖化対策の推進に関する法律の一部を改正する法律案」が閣議決定。「地球温暖化対策計画」には，2050年80％削減が明記。

(出典：JUST (2017))

---

5) 「今後のエネルギー・環境政策について」の中には「「革新的エネルギー・環境戦略」を踏まえて，関係自治体や国際社会等と責任ある議論を行い，国民の理解を得つつ柔軟性を持って不断の検証と見直しを行う」とある。

第3章　パリ合意に逆行しない日本のエネルギー政策および気候変動政策……　87

2011 年のマイナス 25％目標（2020 年に 1990 年比で 25％削減）は，新たに政権を担うことになった民主党によってトップダウンで決められた。そして，その実現可能性などを中環審地球環境部会中長期ロードマップ小委員会が答えるという形式がとられた。

2012 年のエネルギー・環境会議では，2011 年の東日本大震災を経て設置された「エネルギー・環境会議」や「コスト等検証委員会」によって，主に原発発電量の割合を中心とした選択肢に関する国民全体を巻き込んだ議論が行われた。

2015 年のエネルギー基本計画・長期需給見通し・約束草案は，民主党政権から代わった自民党政権による「石炭火力発電と原子力発電を重要なベースロード電源とする」というエネルギー政策に基いている。エネルギー・ミックスや数値目標に関連して発表された数値などは政府が内部で試算したものであり，特定の研究機関や研究者へのエネルギー経済モデルへの計算などに関する委託はなかった。この時に決定した「2030 年までに温室効果ガス排出量の 2013 年比 26％削減（1990 年比 18％削減）」という数字が，現在の日本のパリ合意における温室効果ガス排出削減数値目標となっている。

2）目標設定の考え方の変化

数値目標決定プロセスにおいては，日本の数値目標と国際社会全体での数値目標との「距離感」が非常に重要である。これまで，特に 2009 年の中期目標策定までは，国際社会全体の目標は明示的には意識されなかった。すなわち，経済成長率や生産量などのマクロフレームを決めた上で行った基準（レファレンス）ケースの予測に，技術的・経済的なポテンシャルを積み重ねることで日本の目標値が決定された。そこでは，産業部門に関しては，各業界の示す目標の了承という部分解が組み込まれ，社会全体を対象としたシステミックな，あるいはシナジー効果を喚起するような変革は視野外であった。

2009 年の民主党政権下で政策決定プロセスは，ようやく IPCC 評価報告書などでの 2℃目標達成に必要な数値目標との整合性が明示的に意識された。しかし，マクロフレームから積み上げるという定量化の方法はそのままであった。その後，社会経済の前提も含めて 25％削減を議論するということで検討が進

められたものの，東日本大震災後のエネルギー環境会議およびエネルギー基本計画では，エネルギー問題が社会の関心の中心となり，国際社会全体の目標と日本の目標との整合性に関する意識は低くなった。すなわち，国際社会全体での数値目標との距離という意味では逆戻りした。

3) 目標設定プロセス改善案

エネルギー・ミックスおよび温室効果ガス排出量をめぐる議論は，国の政治，経済，産業・社会構造のあり方をめぐる議論でもある。一方，パリ合意の目標を達成するためには，各国が温室効果ガス排出削減数値目標を大幅に引き上げることが必要である。しかし，日本の現在の目標や温暖化対策は，他の主要国に比較して，公平性や野心度という観点から十分とは言えない。

これまでの日本のエネルギー・ミックスおよび温室効果ガス排出削減数値目標の策定プロセスでは，政府主導のもと，主にエネルギー経済モデルを用いてさまざまな数値目標の策定・分析などが行われてきた。しかし，さまざまな問題点があった[6]。

日本においては，審議会などの政策決定プロセスも多くの課題を持つ。例えば，審議会などの委員は政府が指名した人々であり，企業との研究委託契約や寄付金受託などの利益相反関係を持つ場合が多い。その選考プロセスにおける透明性や公平性には疑問符がつく。事務局が作成する情報も，その背景にある前提条件などが公表されておらず，パブリック・コメントなどの市民参加プロセスは形骸化している。

したがって，JUST（2017）は，政策決定者，モデル制作者，そして一般市民に対して下記のような提言を行っている。

---

6) 問題点としては，(1) エネルギー経済モデルにインプットされる数値や前提が現実と乖離している，(2) 日本の温室効果ガス排出削減数値目標と世界全体の GHG 排出削減数値目標との間に整合性がない，(3) 多くのモデルにおいて温暖化対策の実施が自動的に国民経済にマイナス影響を与えるという構造になっている，(4) 政策措置の導入がモデルには組み込まれてはいない，(5) エネルギー・ミックスが策定された後に温室効果ガス排出削減数値目標が後付けとして策定されている，(6) モデルの結果の意味を一般市民が十分に理解していない，などが挙げられる（JUST 2017）。

第 3 章　パリ合意に逆行しない日本のエネルギー政策および気候変動政策……　　89

提言1：パリ合意および最新の科学に不整合で不公平な温室効果ガス排出パスの除外

　日本政府は，2℃あるいは1.5℃目標におけるカーボン・バジェット（温室効果ガス排出量上限）と気候変動に関する政府間パネル（IPCC）での公平性基準に関する議論に基づく各国GHG排出削減量の幅を尊重するべきである。そして，カーボン・バジェットや気候感度などに関する最新の科学的知見や予防原則に基づいて，上記の温室効果ガス排出削減量や必要な削減スピードから大きく外れるような排出パスや削減量は日本の温室効果ガス排出削減数値目標の検討対象から除外するべきである。

提言2：モデルが持つ課題の認識および改良

　エネルギー経済モデルには下記のような課題や限界があり，これらを政策決定者や一般市民が十分に認識するべきである。

　第一に，多くのモデルでは，温暖化対策を目的とした政策措置の実施による産業社会構造の変化，温暖化の被害，温暖化対策による副次的効果（例：大気汚染緩和），税収還元などが考慮されていない。特に，これまで政策措置の経済影響を議論する際に用いられてきた経済モデルの多くは，何らかの温暖化対策を実施すると必ず経済的なロスを示す（GDP成長率を減少させる）ような構造に最初から設定されている。しかし，実際には温暖化対策の実施がプラスの経済効果を示すような状況も生じており，それを定量的に示す経済モデルも開発されつつある。

　第二に，モデルの計算結果は，生産量などの入力値，投資回収年数，割引率，などの前提に大きく依存し，その計算結果は将来を正確に予言するようなものではない。例えば，素材産業の生産量はしばしば業界の期待値が入力値となり，現実とは結果的に異なる想定がされた。また，投資回収年数を短く設定すれば，初期の設備コストが高くて運転コストは安い再エネの導入可能量は自動的に小さく計算される。しかし，投資回収年数に関しては専門家の間でも議論があり，設定値はモデル間で異なる。すなわち，入力値や前提が十分に現実を反映せず，かつそれらに対する情報が十分に明示化されないで理解もされないまま，計算結果だけが温暖化対策のもたらす将来の姿として「一人歩き」する場合が少な

くない。

このような状況を変えるために，(1) 政策措置の実施による産業社会構造の変化などが計算結果に反映できるモデル構造にする，(2) モデルの入力値や前提を政府や業界の期待値などではなく国際経済環境などを客観的に考慮したものにする，(3) モデルによる計算結果の意味や限界を政府やモデル制作者が一般市民にわかりやすく伝えるよう努力する，などが必要である。

提言3：審議会の改革

第一に，審議会委員やモデル計算に関わる研究機関は，エネルギー多消費産業などとの利益相反がないことを前提とすべきである。利益相反企業からの寄付金などを受けている場合は，その内容や具体的な金額を公表させる必要がある。英国などは利益相反排除などのために委員の公募制を導入している。日本も，このような先進的な制度の導入を検討すべきである。また，エネルギー・ミックスを議論する審議会と温室効果ガス排出削減数値目標を議論する審議会との間にある「主従関係」を正し，両者間の連携をより強くするべきである。

第二に，オーフス条約の精神を尊重し，NGO（非政府組織）などの市民団体の政策策定プロセスへの参加に関する新たな制度を創出するべきである。

第三に，基本的に審議会などの委員自らが資料を共同で作成するべきである。それが難しい場合でも，事務局は作成した資料をすぐに情報公開し，その修正加筆に対して委員や一般市民が関与できるようにするべきである。

提言4：市民参加の促進

第一に，米国でのパブリック・ミーティングのように，定期的かつ継続的に気候変動問題やエネルギー・ミックスに関して「熟議（論点を明らかにしながら課題解決を目的とする，一般市民も参加するような討議）」を実施するべきである。

第二に，「熟議」やパブコメを専門に分析する分野横断的な第三者機関を作るべきである。

第三に，一定の基準を策定し，それに基づいてパブコメの意見を政策の策定に結びつけるような制度を構築するべきである。

第3章　パリ合意に逆行しない日本のエネルギー政策および気候変動政策……　91

提言5：政策立案・分析・評価を行う内閣府直属の第三者機関の設立

各省庁の局・課・審議会・業界団体という縦割りの利益構造による弊害を取り除くことを目的として，内閣府直属あるいは国会内に，(1) 政府に直接的に温暖化政策をアドバイスする機関，(2) 高い調査能力を持ち，報告書・提言を作成できる常設の調査機関，(3) エネルギー環境分野関連の政策の分析・評価を定常的に行う機関，などの中立で第三者的な組織を設立すべきである。

提言6：炭素排出の社会的費用使用の実質的義務化

温室効果ガス排出削減に効果があるレベルの炭素税などが導入されるまで，国，地方自治体，企業，研究機関などに対して，(1) エネルギー関連プロジェクトの投資判断の際には米国政府オバマ政権下で推奨されていた105ドル/t-CO$_2$というような炭素排出の社会的費用を用いる，(2) その結果を公表する，などを義務づけるべきである。

6　石炭火力発電所に対する訴訟

仙台港に建設され10月1日に正式稼働した石炭発電による仙台PS（関西電力と伊藤忠系列会社の共同出資）に対して，筆者を含む地域住民124名が原告団を組織して操業差止めを求める裁判に踏み切った[7]。今回の裁判は，日本で2012年以降急増した石炭火力発電所計画において，立法や行政に期待できない中，市民が法的手段によって事業者に対抗するものであり，単独の石炭火力発電所の操業に対する差止め訴訟としては日本初である。ここでは，訴状の内容を紹介しながら，このような市民運動の可能性について考える。

1）訴状のポイント

訴状の内容は，主に，(1) 大気汚染による健康被害，(2) 地球温暖化による被害，(3) 仙台港近くにある蒲生干潟への悪影響の3つからなっており，それぞ

---

[7]　9月27日に訴状は提出された。訴状は下記からダウンロード可能。
　　 https://sendaisekitan.files.wordpress.com/2017/10/170927petition_against_sendaips.pdf

れ現在の学術研究の最先端をそれなりに反映させている。

　大気汚染による健康被害では，疫学知見から推算された長期曝露－反応（死亡リスク）関数，大気モデル，曝露人口などからなるシミュレーションモデルで，微小粒子状物質（PM$_{2.5}$）と窒素酸化物（NO$_X$）による具体的な早期死亡数を推算して訴状に入れている（40年間で760人死亡）。このように健康被害の恐れを明確かつ定量的に示すことによって，幸福追求権（生命，自由及び幸福を追求する権利）にもとづく人格権の侵害を訴えている。

　地球温暖化による被害では，「熱波と豪雨という二つの極端現象に関しては，個別の現象の発生と人為的な温室効果ガス排出との関係が統計データなどの充実によって1対1対応させるような議論が可能になってきている」という最新の研究成果（例えば，今夏の欧州の熱波は温暖化によって発生確率が約10倍に上昇）を強調している。それによって，大気汚染と同様に，被告の行為によって生命や健康が損なわれることを人格権侵害として訴えている。同時に，パリ協定目標達成に不十分な日本政府のエネルギー・地球温暖化政策にさえも石炭火力新設が不整合なことを詳しく具体的に書いている。

　蒲生干潟に関しては，貴重な生態系への悪影響，生物多様性の喪失，野生動植物の健康被害・繁殖阻害・有害物質の生体濃縮，環境アセスの未実施[8]などから，環境権の侵害を提訴理由としている。

2）因果関係の立証

　裁判では，被害・加害の因果関係や挙証責任がつねに大きな争点になる。今回の訴状では，「原告が出した具体的な被害の推算や因果関係に関する議論を

8）　仙台市は，1998年に仙台市環境影響評価条例を制定していた。しかし，大規模な土地造成等を伴う太陽光発電施設や，石炭を燃料とする火力発電施設等の計画の出現により，周辺の環境や景観等に対する影響が懸念される状況に至ったことから，「仙台市環境影響評価条例施行規則」を改正し，環境影響評価（環境アセスメント）制度の対象事業に「火力発電所」を追加した。当該条例は，2015年12月16日に公布され，2016年5月1日施行された。しかし，改正規則の施行日までの間に着手済みの事業については規制の対象にならず，そのため仙台PSは結果的に環境アセスメントの対象になっていない。これも端的に言えば，国の省エネ規制と同様に，仙台市の環境規制をうまくすり抜けたものである。

第3章　パリ合意に逆行しない日本のエネルギー政策および気候変動政策……　　93

被告が明確に否定できなければ，因果関係が立証されたことになる」というロジックを採用している。

　また，すでに発電所は稼働していて，かつ事前の本格的な健康調査をしていない。なので，稼働後に何らかの健康被害が発生しても稼働前の状況とは比較できない。この点を裁判官や社会全体がどう判断するかもポイントになる。

　さらに，「なぜ被告だけが温室効果ガス排出などの責任を問われるのか？」という問いに対しては，(1) 電気が余っている現状で首都圏に売電し（公共性なし），(2) 健康被害発生の蓋然性がある中で（$PM_{2.5}$ 被害の深刻さは既知で，仙台 PS 近接地域はすでに（米国の基準や WHO 指針より緩い）日本の $PM_{2.5}$ 環境基準を超える場合もあるレベルのバックグラウンド濃度），(3) 故意に稼働前アセス・健康調査をせず（加害責任の曖昧化），(4) 電力自由化便乗・自己短期利益最優先・住民無視・被災地感情無視のビジネスモデル（安い石炭で売り抜け），(5) パリ協定遵守に不十分な日本の温暖化政策にさえ不整合（温暖化対策をほとんど考えていない），という合わせ技のロジックで被告の責任を問うている。

　以上の論点に対して，被告などからは反論が予想される。法的な瑕疵のみならず，法規制自体の不備に関する議論も出るかと思われる。温暖化問題に関しては，気候変動枠組条約下での「責任と補償」に関する国際交渉や，海外で多くなっている温暖化関連裁判の判例なども影響すると期待される。

7　おわりに

　冒頭で述べたように，シリア難民問題の大きな要因の一つとして地球温暖化がある。最新の研究によると，温暖化が風の流れを変えることによってシリア地域の降雨量を減少させ，高温が土壌水分を喪失させた。このため 2006〜2010 年に史上最悪と言われる干ばつが発生し，アサド政権が水を大量に必要とする綿花栽培を奨励したことも重なって，農業生産量激減，穀物価格高騰，栄養不良による子供の病気蔓延が起きた。その結果，すでにイラク難民であふれていた国境沿いの都市に 150 万人以上のシリア農民が新たに難民として流入し，まさにこのような地域から 2011 年の「アラブの春」と呼ばれる反政府革

命運動が発生した。

　以前から温暖化が紛争を増やすことは指摘されてきた。この因果関係は，日本でもかつての農民一揆が干ばつ，水不足，冷害が要因となっていることを考えれば理解できるはずだ。

　最近の日本での異常気象や集中豪雨も明らかに温暖化が影響している。喫煙が肺がんリスクを確実に増加させるのと同様に，温暖化が気象災害リスクを増加させることはほぼ100％科学的に明らかになっている。

　東日本大震災の後，日本では温暖化問題への関心が薄れた。それは，現時点でも「原発は温暖化対策に必要」「再生エネはコストが高いから化石燃料発電が必要」という政府や産業界の言葉を簡単に信じ込んでいる人が多いことが一因だと思われる。

　世界でも日本でも，保守政権，化石燃料会社，大手電力会社，大手重電メーカー，エネルギー多消費企業が一致団結して原発と化石燃料発電を維持しようとしている。理由は，既存のエネルギー・システムや社会システムから生まれる自分たちの権益を失いたくないというきわめて単純なものである。

　その一方で，多くの経済分析が，省エネ・再生エネを導入したほうが中長期的には電力価格が低下し，雇用が拡大し，国全体レベルでは経済がより発展することを示している。実際に再生エネ導入に積極的なドイツは，脱原発を決めながら日本よりもはるかに厳しい温室効果ガス削減目標を持つ。卸売り電力価格はEUで2番目に低く，安い電力価格を享受する大企業の業績は好調で，まさに経済は一人勝ち状態である。

　毎年，年末に国連気候変動枠組条約締約国会議（COP）がある。2017年11月のドイツでのCOP23では，国内と海外の両方でも官民一体となって石炭火力発電を促進しようとする日本に批判が集まった。また，低い温室効果ガス削減目標を持つ日本は交渉の足をひっぱる国であり，政府関係者が国民に対して使う「日本の目標は国際的に遜色がない」という言葉は，本章で述べたように国際社会の認識とはまったくの真逆である。

　権益を持つ人々によって，また彼らの言葉を簡単に信じてしまうことによって，各地で貧困，紛争，そして難民問題が激化し，一部の人や産業は潤うものの，国全体の経済発展や平和は遠のいている。それが日本と世界の現状である。

第3章　パリ合意に逆行しない日本のエネルギー政策および気候変動政策……　95

文　献

Burck Jan, Marten Franziska, Bals Christoph（2017）"Climate Change Performance Index 2017", Germanwatch.

　　https://germanwatch.org/en/13042［2017 年 11 月 15 日にアクセス］

Climate Action Tracker（2017）"Equitable emissions reductions under the Paris Agreement".

　　http://climateactiontracker.org/assets/publications/briefing_papers/EquiteUpdate2017/CAT_EquityUpdateBriefing2017.pdf［2017 年 11 月 15 日にアクセス］

De Châtel, F.（2014）"The Role of Drought and Climate Change in the Syrian Uprising : Untangling the Triggers of the Revolution", *Middle Eastern Studies*, 50 : 4, 521–535, DOI : 10.1080/00263206.2013.850076

　　https://doi.org/10.1080/00263206.2013.850076［2017 年 11 月 15 日にアクセス］

Fossil Free（2017）"Divestment Commitments".

　　https://gofossilfree.org/divestment/commitments/［2017 年 11 月 15 日にアクセス］

Granoff et al.（2015）"Zero poverty, zero emissions; Eradicating extreme poverty in the climate crisis", ODI Report, September 2015.

　　https://www.odi.org/sites/odi.org.uk/files/odi-assets/publications-opinion-files/9844.pdf［2017 年 11 月 15 日にアクセス］

Gleick, P（2014）"Water, Drought, Climate Change, and Conflict in Syria", *Weather , Climate and Society*, VOLUME 6, JULY 2014, American Meteorological Society.

　　http://religioner.no/wp-content/uploads/2015/08/religioner.no_wcas-d-13-00059.pdf［2017 年 11 月 15 日にアクセス］

IDMC（2016）"Global Report on Internal Displacement 2016".

　　http://www.internal-displacement.org/assets/publications/2016/2016-global-report-internal-displacement-IDMC.pdf［2017 年 11 月 15 日にアクセス］

IOM（2017）"Recorded deaths in the Mediterranean by month, 2014–2017", Missing Migrants Project.

　　https://missingmigrants.iom.int/mediterranean［2017 年 11 月 15 日にアクセス］

Kelley et al.（2015）"Climate change in the Fertile Crescent and implications of the recent Syrian drought", *PNAS*, 112（11）3241–3246.

　　http://www.pnas.org/content/112/11/3241.abstract?sid=69951472-f091-445b-9d0e-5159b52a409f［2017 年 11 月 15 日にアクセス］

Menne, B.（2005）"Extreme weather events and health : An ancient new story". In : W. Kirch, et al. eds., Extreme Weather Events and Public Health. Springer, XXVII-XXXIX.

Swiss Re（2016）"Natural catastrophes and climate change".

　　http://reports.swissre.com/2015/financial-report/responsibility/natural-catastrophes-and-climate-change.html#［2017 年 11 月 15 日にアクセス］

Vanhems, P., L. Gambotti and J. Fabry（2003）"Excess rate of in-hospital death in Lyons", France, during the August 2003 heat wave. *N. Engl. J. Med.*, 349（21）, 2077–2078.

［2017 年 11 月 15 日にアクセス］

WWA（2017）"Euro-Mediterranean Heat - Summer 2017".

　https://wwa.climatecentral.org/analyses/euro-mediterranean-heat-summer–2017/［2017 年 11 月 15 日にアクセス］

大久保ゆり・北風亮（2017）「日本における石炭火力新増設のビジネスリスク——設備利用率低下による事業性への影響」，自然エネルギー財団，2017 年 7 月.

　http://www.renewable-ei.org/images/pdf/20170720/REI_Report_20170720_CoalPower-PlantRisk.pdf［2017 年 11 月 15 日にアクセス］

エネルギー白書（2016）「第 3 節 電力分野の新たな仕組み〜電力分野の革新〜電気事業分野の温暖化対策」，資源エネルギー庁

　http://www.enecho.meti.go.jp/about/whitepaper/2016html/1–3–3.html［2017 年 11 月 15 日にアクセス］

気候ネットワーク（2017）「石炭発電ウォッチ」

　http://sekitan.jp/plant-map/ja/v［2017 年 11 月 15 日にアクセス］

栗山昭久・田村堅太郎（2016）「電力部門における温暖化対策の現状と課題：石炭火力及びガス火力発電に対するポリシーミックスの実効性に関する考察」，地球環境戦略研究機関.

　https://pub.iges.or.jp/pub/% E9% 9B% BB% E5% 8A% 9B% E9% 83% A8% E9% 96% 80% E3% 81% AB% E3% 81% 8A% E3% 81% 91% E3% 82% 8B% E6% B8% A9% E6% 9A% 96% E5% 8C% 96% E5% AF% BE% E7% AD% 96% E3% 81% AE% E7% 8F% BE% E7% 8A% B6% E3% 81% A8% E8% AA% B2% E9% A1% 8C［2017 年 11 月 15 日にアクセス］

JUST（2017）「日本のエネルギー・ミックスおよび温室効果ガス排出削減数値目標策定プロセスにおける課題と今後の建設議論のために提言」，JUST Issue Paper No. 5, 2017

　http://justclimate.jp/download/just-issue-paper-no–5［2017 年 11 月 15 日にアクセス］

第4章

ドイツのエネルギー大転換
日本のエネルギー政策への教訓

吉田文和

1　はじめに

　日本のこれからのエネルギーをどのように賄うのか。東京電力福島第一原子力発電所の事故から7年が経つなかで，日本の「原発ゼロ」が2013年9月から2015年8月まで約2年間続き，原子力発電なしでも日本の電力が十分賄えることが明らかになったが，原子力発電所の再稼働と輸出が進められている。

　これに対して，福島原発事故を最終的な契機として，脱原発を決めたドイツは2022年までに最終的な「ゼロ原発」を目指すとともに，再生可能エネルギーと省エネルギーの徹底による「エネルギー大転換」（Energiewende）を進めている。

　日本とドイツは戦後，世界第一級の工業国に成長し，両国ともに核武装を行わず，原子力の民生利用を進めてきた。しかし，日本は福島原発事故を経たあと，再び原子力発電所を稼働させる方向に進み，これに対してドイツは脱原発を段階的に行おうとしている。この違いは，一体どこから来ているのか。とくに，ドイツは原子力の代わりに，再生可能エネルギーの拡大と省エネルギーを抜本的に進める「エネルギー大転換」を目指している。日本には一体，この見通しはないのであろうか。

　そこで本章では，ドイツの「エネルギー大転換」の成果と課題を明らかにし，

日本のエネルギー政策への教訓を得ることにしたい[1]。

2　ドイツの脱原発

1）ドイツの脱原発の6つの理由

　ドイツが「脱原発」の理論的・倫理的根拠を明確にするために，メルケル首相が組織した17名からなる安全なエネルギー供給に関する倫理委員会の報告「ドイツのエネルギー転換——未来のための共同事業」（2011年5月）を，私と倫理委員会のメンバーであったミランダ・シュラーズ教授が邦訳し，解説をつけて公刊した[2]。それによれば，ドイツの脱原発の理由は次のようになる。

　　①原子力発電所の安全性は高くても，事故は起こりうる。
　　②事件が起きると，ほかのどんなエネルギー源よりも危険である。
　　③次の世代に廃棄物処理などを残すのは倫理的問題がある。
　　④原子力より安全なエネルギー源がある。
　　⑤地球温暖化問題もあるので化石燃料を使うことは解決策ではない。
　　⑥再生可能エネルギー普及とエネルギー効率性政策で原子力を段階的にゼロ
　　　にしていくことは将来の経済のためにも大きなチャンスになる。

　ここで重要な点は，原子力発電の事故によるリスクの大きさと，廃棄物処理などの倫理的問題を指摘し，原子力より安全なエネルギー源があるとし，再生可能エネルギーと省エネによる脱原発の方向性を示し，それが将来の経済の大きなチャンスになるとしていることである。

　これに対して，日本においては，福島原発事故の分析と正式な総括がなされず，規制基準の強化と規制機関の原子力規制庁への再編が行われたものの，原

---

1)　吉田文和（2015）『ドイツの挑戦』日本評論社。なお，ドイツの脱原発にいたる政治過
　　程については，本田宏（2017）『参加と交渉の政治学——ドイツが脱原発を決めるまで』
　　（法政大学出版局）を参照。
2)　吉田文和（2013）『ドイツ脱原発倫理委員会報告』，ミランダ・シュラーズと共著，訳と
　　解説（大月書店）。

発「再稼働」と「原発輸出」が，安倍内閣の「経済成長戦略」の柱とされた。

2) ドイツは福島をどう受け止めたか

　直接被害の及んだチェルノブイリの原発事故とは違って，遠く離れた福島の事故をドイツの人々はどう受け止めたのだろうか。原子力の大事故は仮想的なものではなく，現実に起こりうるのだと，より多くの人々が気づいたのだという。原子力のリスク自体は福島で変化したわけではないが，リスクの受け止め方に変化が起きたのであり，変化の要因として以下の三点が挙げられる。

　第一に，日本のようなハイテク国家において深刻かつ長期に収拾困難な事故が発生したことで，「ドイツではそのようなことは起こりえないという確信は消失した」。

　第二に，災害収束の見通し，最終的な損害の算出，被害地域の最終的な境界確定が不可能なことで，原子力を「他のエネルギー源の欠点と科学的な情報をもとに比較衡量することができるはずだ」という，広く行き渡っていた見解は説得力を失った。

　第三に，現実は地震に対する安全性や津波の最大の高さなどの「想定」を超えたということから，技術的なリスク評価の限界が明らかになった。

　つまり，技術的なリスク評価やエネルギーに関するリスクと便益の比較衡量という方法の限界が福島で実際に起きた事故によって明らかになった。このことが，人々のリスクの受け止めにとって重要な変化をもたらした。

　チェルノブイリ原発事故が旧ソ連で発生したのに対して，福島原発事故は，新幹線が事故を起こさず3分間隔で走行する高度に組織された「ハイテク国家」の日本で起きた。それがドイツに与えたショックは計り知れない。まさに，「ドイツではそのようなことは起こりえないという確信は消失した」のである。

　福島原発事故がなければ，ドイツは最終的に脱原発の決断をしなかったであろうと考えるドイツ人は非常に多い。逆にドイツ人からよく聞かれるのは，日本は福島原発事故があったにもかかわらず，なぜ脱原発の方向に進まないのかという当然の疑問，質問である。

第4章　ドイツのエネルギー大転換　　101

3) 倫理とリスクの考え方——前提となる倫理的責任論

倫理委員会設置の根拠は「原子力の利用やその終結，他のエネルギー生産の形態への切り替えに関する決定は，すべて，社会による価値決定に基づくものであって，これは技術的あるいは経済的な観点よりも先行している」という基本的な認識にある。こうした問題に関する倫理的な価値評価において鍵となる概念は，「持続可能性」と「責任」である。

安全なエネルギー供給，とくに原子力の評価をめぐっては，「人間は技術的に可能なことを何でもやってよいわけではない」という社会発展の基本命題を考慮すべきである。短期的な利益を優先して未来の世代に負担を強いる決定には社会が責任を負わなければならない。それゆえ社会が技術を選択するのである。

この「人間は技術的に可能なことを何でもやってよいわけではない」という点と「社会が技術を選択する」という点が大変重要であり，これまで日本で軽視されてきた命題である[3]。

3 「ドイツのエネルギー大転換」

1)「エネルギー大転換」の5つの理由

ドイツは福島原発事故を最終的きっかけとして脱原発を決めたが，前年の2010年には「エネルギー大綱」を出して，「エネルギー大転換（Energiewende)」の考え方を提出していた。それには，5つの理由がある。

①エネルギー輸入への依存度（約75％）を減らす。
②エネルギー大転換は，持続可能でかつ経済的な成功をもたらす。
③イノベーションで，新しい成長と雇用増加を達成する。
④炭素排出を減らし，地球気候変動目標を達成する。
⑤原子力発電をやめる。

---

3) 牧野広義（2014）「ドイツの脱原発倫理委員会報告書から何を学ぶか」『日本の科学者』49（3），6-11。

102 　第一部　分析と提言

まとめれば，気候変動と原子力のリスク，エネルギーの対外依存度を減らし，イノベーションにより雇用と産業競争力を高め，経済成長を達成しようとするものである。

2）「エネルギー大転換」の成果

　福島事故から 6 年たって，ドイツの脱原発過程を振り返り，バーバラ・ヘンドリック環境・建設・原子力安全相は，「脱原発を通じてドイツは多くを学んだ」とし，脱原発の「決定でドイツでは再生可能エネルギーが大幅に拡大しただけでなく，国内の政治論争が納得いく形で収束し，エネルギー政策，気候変動政策の将来のあり方が示されました。ドイツのエネルギーシフトは，同様の計画を進める他国にとってモデルケースとなるだけではなく，むしろドイツ自身が他の部門や業種で構造改革を行う際に役立つ多くのことを学んでいます」とし，さらにアメリカのパリ協定離脱に関連して，「米国政府がパリ協定からの離脱を決定したにもかかわらず，もしくは離脱決定があったからこそ，新たな協力関係が生まれています。ジェリー・ブラウン米カリフォルニア州知事とはつい最近，共同声明に署名を交わしました。知事は，パリ協定を順守するための州の組織「米国気候同盟」で主導的な役割を担っています。パリ協定は現米国大統領の在任期間を物ともせず存続し続けていくと，確信しています」[4]と述べている点に，注目すべきであろう。

　このように福島原発事故がドイツ国内の論争に最終的決着をつけ，脱原発を決定づけたのである。さらに，パリ協定からのアメリカ離脱に対しては，米州レベルの組織「米国気候同盟」などとの協力関係を目指している点も重要である。

　ドイツは 2010 年の「エネルギー大綱」の計画で，エネルギー大転換の目標を決めたが，それはどの程度，実際に達成されていて，今後の見通しはどのようになっているだろうか。「エネルギー大転換」の鍵は，省エネ（エネルギー消費削減）と再エネ（自然エネルギー）である。

　表 1（エネルギー大転換の目標と現状）が示すように，脱原発と再生可能

4）『東京新聞』2017 年 7 月 6 日付全文は，参考資料参照。

第 4 章　ドイツのエネルギー大転換　　103

表1　ドイツのエネルギー大転換の主な目標

「エネルギー転換」の成果

		現状	2020	2025	2030	2035	2040	2050
温室効果ガス排出量	温室効果ガス排出量削減（1990年比）	-27%（2016）*	-40%		-55%		-70%	-80 – 95%
原発の段階的廃止	2022年までにすべての原発を段階的に運転停止	11基を運転停止（2015）	残りの8基を段階的に運転停止					
自然エネルギー	最終エネルギー消費量に占める割合	14.9%（2015）	18%		30%		45%	少なくとも60%
	総電力消費量に占める割合	32.3%（2016）*		40 – 45%		55 – 60%		少なくとも80%
エネルギー効率	一次エネルギー消費量の削減（2008年比）	-7.6%（2015）	-20%					-50%
	総電力消費量の削減（2008年比）	-4%（2015）*	-10%					-25%

出典：AGEB（2016）, BReg（2010）, 独自に算出　　　　　　　　　　　　　　　　　　　　　* 暫定値

（出典：アゴラ・エナギーヴェンデ・自然エネルギー財団（2017）, p. 4）

（自然）エネルギーの目標は，2020～2025年に達成できる可能性が高い[5]。

　これに対して，1990年を基準100として，2014年にエネルギー生産性は160，GDPは145，1次エネルギー需要88，温室効果ガス（GHG）排出は73であり，GDPとエネルギー消費の切り離しは進んだものの，GHGの削減とエネルギー効率（エネルギー消費削減）の目標（GHG2020年40%削減，1次エネルギー消費20%削減）は，達成困難であると見られている。

3）再生可能エネルギー導入の成果

　ドイツは2050年までに，電力消費の80%を再生可能エネルギーで賄う計画であり，2016年現在で国内発電量の約30%を供給し，最大の発電源となった。

5）　アゴラ・エナギーヴェンデ・自然エネルギー財団（2017）『ドイツのエネルギー転換10のQ&A ——日本への教訓』。

104　　第一部　分析と提言

その柱は，風力と太陽光であり，発電コストはそれぞれ5〜9ユーロセント /
kWh，6〜9ユーロセント /kWh であり，再生可能エネルギー合計の設備導入
量は 89 GW で，国内の 15%分であり，脱原発による発電量の減少を埋め合わ
せることになる（**図1参照**）。再生可能エネルギー関係の雇用者数は 33 万人
近くで，内訳は風力 14 万人，バイオマス 11 万人，太陽光 4 万人である。

市民所有の再生可能エネルギーのプロジェクトが全体の 47%を占め，150 万
設備の太陽光発電，26,000 基の風力発電を支え，分散型発電と多様な参加者で
形成されている。

応用エコロジー研究所のフェリックス・マシュウズ博士が指摘するように[6]，
ドイツのエネルギー大転換は，エネルギーシステムを化石燃料と原子力から再
生可能エネルギーに転換することであり，これは政策をドライバー（動因）と
する，エネルギーシステムの構造転換である。脱原発とエネルギーシステムの
脱炭素化についての基本的な政策決定は，ドイツ社会のリスクに考慮する性格
が基礎にある。これは過去 20 年間以上にわたる政治的学習過程の結果である。
1990 年から 2010 年にかけての再生可能エネルギーの発展を含めて，ドイツは
この分野での技術開発に楽天的であった。

エネルギー転換に関する主な挑戦は，技術的問題や再生可能エネルギーシス
テムのコストにあるわけではない。構造転換は，まずは多くの再生可能エネル
ギーの普及に基づくのであり，これが発電パターンを変え，コスト構造を変え
た。これが電力市場を変えた。

第 2 に，電力システムの多様化で，新しい参入者が生まれ，経済的評価が起
きた。ここでは，再生可能エネルギー施設の市民による所有率の高さに注目す
べきである（**図1参照**）。

第 3 に，電力システムの空間的パターンが送電網の構造変化を生んだ。さら
なるエネルギー転換には，全体的なアプローチが必要である。

今後，4 つの柱が必要であるという。それらは，①クリーンなエネルギーへ

---

6)　Felix Christian Matthes（2017）Energy transition in Germany：a case study on a pol-
　icy-driven structural change of the energy system, *Evolutionary and Institutional Eco-
　nomics Review*, 14（1）141-169.

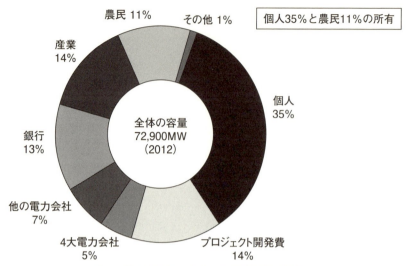

図1　再生可能エネルギーの市民所有率の高さ

（出典：trend：research Institut／Leuphana Universität Lüneburg 2013, Definition und Marktanalyse von Bürgerenergie in Deutschland.）

の道筋，②高い炭素資産（石炭，褐炭）の出口を探す，③送電網などネットインフラの再編成，④（期限内の）イノベーションである。

とくに，再生可能エネルギーと地域経済との関係について，最近の研究によれば，計画性と管理の必要性，正式なネットワークの存在，多様な資金源，など3つの要素が地域レベルでのエネルギー転換のガバナンスにとって重要であると指摘されている[7]。

他方でドイツは2003年以来，近隣諸国に対して電力の純輸出国であるが，国内の石炭・褐炭（国内炭）発電を継続して，再生可能電力エネルギーの変動対策用の発電所として機能させてきた。そのため，石炭・褐炭部門が国内 CO_2 発生源（40％）としても無視できないので，脱石炭火力発電が重要な課題となっている。

---

[7] Lotte Lutz et al., Driving factors for the regional implementation of renewable energy – A multiple case study on the German energy transition, *Energy Policy*, 105, 107, 136-147.

4 ドイツのエネルギーの現状

1) ドイツのエネルギーフロー

ドイツの1次エネルギーのフローを見ると（**図2**），最大の投入エネルギーは石油であり（34%），これは第1に交通分野に使われ，産業分野での利用よりも多い。1次エネルギー（熱を含む）のうち，再生可能エネルギーは12%を占め，最大分野はバイオマス（6%）であり，太陽光は1%に過ぎない。これらのことは，交通分野からのCO_2削減と熱分野の重要性を示している。

2016年のドイツの電源構成（括弧内は2015年の値）：
自然エネルギーはドイツの総発電量の約30%を占める最大の発電源

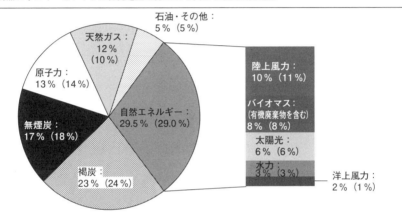

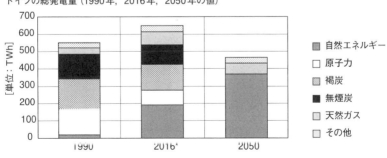

出典：AGEB（2016），BReg（2010），EEG（2014），独自に算出　　　暫定値

図2　ドイツの電源構成（2016年）
（出典：アゴラ・エナギーヴェンデ・自然エネルギー財団（2017），p.6）

熱分野と交通分野での電気利用による化石燃料の削減方法としては，(1) 熱については，ヒートポンプ利用，電気ボイラー，ガス利用での power to gas（風力発電などで水の電気分解による水素利用），(2) 交通分野の電気自動車は，バッテリーからの直接電気利用，水素からの電気自動車，power to gas，燃料電池による利用が検討されている[8]。

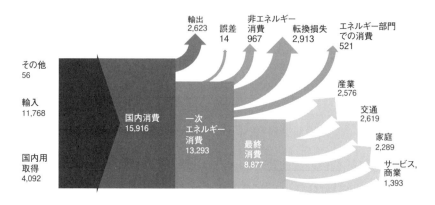

図3　ドイツの1次エネルギーフロー（2016年）

（出典：BMWi（2017），p. 5）

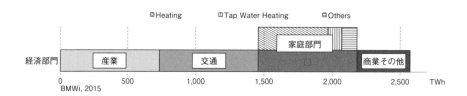

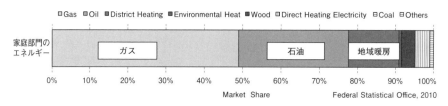

図4　家庭分野の省エネの重要性

（出典：Klaas Bauermann（2016），Fig. 2）

---

8) Federal Ministry for Economic Affairs and Energy, 2016, *Electricity 2030*, Fig. 6.

とくに、エネルギー消費の3分の1近くを占める家庭部門からのCO_2排出を減らすことが重要な課題であるが、暖房用のガスと石油の消費を減らすために、古い家屋の断熱改造を進める必要がある[9]。

2) 電力価格の動向

ドイツはFIT（再生可能エネルギーの固定価格買取制度）により、再生可能エネルギーの大量導入をはかってきたが、そのために家庭用電力価格の上昇が起きた。2013年以降は比較的安定しているものの、再生可能エネルギー賦課金は、家庭用電力料金29.8ユーロセント/kWhのうち、6.4セントを占め、その他、税金、託送料などもかかるので高くなっている（図5参照）。賦課金のピークは2020年の8セントと予想されるが、2035年には再生可能エネルギーの導入で電力価格は下がるので、賦課金は7セント中の4.5セントになると想定されている。

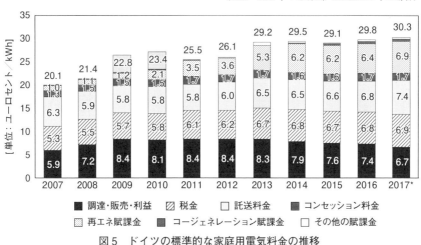

図5　ドイツの標準的な家庭用電気料金の推移
（出典：ドイツ連邦ネットワーク庁（2016）、*2017年の値は独自に推算
アゴラ・エナギーヴェンデ・自然エネルギー財団（2017）、p.13）

---

9) Klaas Bauermann (2016) German Energiewende and the heating market – Impact and limits of policy, *Energy Policy* 94, 235-246.

ドイツでは，このように家庭用電力価格と中小企業向けの電力価格は高いが，エネルギー集約型産業用電気料金は安く設定され（5セント/kWh），イギリスよりも安く，フランスよりも少し高い水準である。しかし，低所得者にとって，家庭用電気料金は負担になっており，その負担低減が課題である。

　EEG（ドイツ再生可能エネルギー法）2017年の改正により，ほとんどすべての再生可能エネルギーに対して，オークション（入札制度）が導入され，コスト効果，量的コントロールが目指される。太陽光は750kW以上で導入されるが，家庭用の小規模発電ではオークションは導入されない。

3）省エネの課題

　政府のモニタリング報告（2015年）に対する専門家委員会の意見（BMWi（2017），2016年末）は，「再生可能エネルギーと省エネルギー」の間で不均衡があると明らかにしている。とくに交通分野では10％削減目標（2005年から2020年）に対して，逆に1.2％増えていると厳しく指摘し，温室効果ガスGHG削減目標（40％）も現状では27％減で達成は難しく，毎年4000万トン削減しなければならないという。

　そのために，専門家委員会は安定的・長期的なエネルギー大転換の枠組みとして全般的な炭素価格形成の導入を提案し，EUETS（EUの排出量取引制度）に追加的措置を行い，他の税金と組み合わせる方向性を示唆している[10]。

　交通分野からのCO_2増加は，EUの東方拡大に伴い，ドイツ資本の投資が広がり，旧東欧諸国からの運輸量が拡大していることなどが背景にあり，鉄道輸送の拡充・整備が必要なところである。

　ドイツは，個人の移動は80％が自動車を利用し，一人あたり毎年の移動距離は12000kmに達する。そして，1000人に対して500台以上の車所有がある「クルマ社会」である。この「クルマ社会」を変えることは簡単ではない[11]。

　さらに，北部の風力発電による電力を南部へ送る送電網拡張プロジェクトは，

---

10) Expert Commission on the Energy of the Future Monitoring Process Statement on the Fifth Monitoring Report of the Federal Government for 2015.

11) Weert Canzler, Dirk Wittowsky（2016）"The Impact of Germany's Energiewende on the transport sector, unsolved problems and conflicts, *Utilities Policy*, 41, p. 247.

途中経路の住民の反対などのため 8000 km の計画のうち 700 km に止まっているが，冬の系統予備電力（5GW）は用意している。ドイツ南部での電力不足を賄うために，近隣のオーストリアなどからの送電や，ポーランドやチェコ経由の送電も費用を払って緊急時には行われている。

4）原子力の問題

ドイツ経済研究所の推定値によれば，EU では，炭素価格をトン当たり 100 ユーロと計算しても，原子力が天然ガスに対してもはや競争力をもたないことは明らかである（**表 2** 参照）。

表 2　原子力・石炭・天然ガスのコスト比較

•	原子力	石炭	天然ガス Cent / KWh
• ベースライン（CO_2-Preis なし）	12.1	5.1	5
• CO_2-価格：25 Euro/Tonne	12.1	6.3	5.7
• CO_2-価格：100 Euro/Tonne	12.1	10.0	7.9

出典）Von Casimir Lorenz, Hanna Brauers, Clemens Gerbaulet, Christian von Hirschhausen, Claudia Kemfert, Mario Kendziorski und Pao-Yu Oei, Atomkraft ist nicht wettbewerbsfahig Auch im Vereinigten Konigreich und Frankreich ist Klimaschutz ohne Atomkraft moglich. DIW Wochenbericht Nr. 44.2016 1047.

これに対して，日本では WH を買収した東芝が WH の子会社の巨額損失（7000 億円以上）による債務超過で，破産の危機に瀕している。そもそも，2006 年に東芝は当時としては相場の 3 倍の高値 6400 億円で WH を買収したが，2011 年の東電福島事故の後も，原発事業の見直しが行われなかったのは，アベノミクスの経済成長戦略の 3 つの柱の 1 つとして，「原発再稼働と原発輸出」が位置づけられたからである。その決定過程で経済財政諮問委員会に民間議員として当時の佐々木則夫東芝社長が参加していたのである。

東芝の子会社 WH が中国で受注した原発の建設も 3 年遅延している。三菱重工業もアメリカの原発工事をめぐって裁判となり，巨額の損失が予想されている。アメリカの原発は運転計画の予定より前の停止が相次いでいる。

これらのことは，世界的な安全規制強化のもとで，追加支出が発生していることが背景にあり，フランスのアレバでもフィンランドの原発工事で巨額のコスト増と工事の遅れが発生している。こうしたなかで，東芝自体も原発の新設

そのものから手を引き，メンテナンスなどに重点を移す方向である。世界的には，GE やジーメンスが原発から早々と撤退し，再生可能エネルギーに重点を移している（GE は火力発電にも重点を置く）。

　福島原発事故後，安全対策が強化され，例えば，イギリスのヒンクリーポイント C 原発の建設単価は，1kW 当たり日本円で 104 万円となり，日本政府試算（総合資源エネルギー調査会・発電コスト検証ワーキンググループの 2015 年報告書）で，この数値を採用すると，原発の発電コストは 1kW 時当たり 15.7 円となり，建設費の見直しだけで，石炭火力（12.3 円／ kW）や LNG 火力（13.7 円／ kW）よりも発電コストは高くなる[12]。

　このように原発の新設自体は，今後，中国やインドなどですすめられる可能性があるものの，世界的には急速な拡大を見通せなくなっている。しかしながら，原発は新設がなくとも，メンテナンス，使用済み核燃料の中間貯蔵，廃炉，放射性廃棄物処理など，核燃料サイクルに即した重要なビジネスが長く続くことがドイツの事例を見ても明らかである。脱原発を決めたドイツでは，中間貯蔵，廃炉の専門会社が原発会社から再編されて，重要な位置づけを与えられている（北海沿岸のグライフスバルトの EWN, 約 800 人）。したがって，日本においても，こうした中間貯蔵，廃炉関連ビジネス，人材育成が原子力関連で必要不可欠となっていることは明らかである。

5　おわりに

1）ドイツの課題

　以上のように，ドイツは，再生可能エネルギーの拡大など「エネルギー大転換」の成果をあげてきたが，すでに指摘したように，4 つの残された課題がある。

①脱原発と温室効果ガス削減目標の同時達成の課題
②電力以外の熱源と交通分野からの削減の困難性

---

12)　大島堅一（2017）「原発の電気」『季刊地域』2017 年夏号，130 頁。

112　　第一部　分析と提言

③送電線建設のコストと時間の問題

④固定価格買取り制度の経済的負担低減，とくに相対的貧困層への対策

2）日本が学ぶべきこと

ドイツのこの間の取り組みから，日本が学ぶべき点は次の5点と考えられる。

①事実と倫理性の重視——福島原発事故の事実分析と倫理面での分析を行い，脱原発の理論的裏づけを行った。

②長期見通しと戦略性——「エネルギー大転換」の長期的見通しと経済的な位置づけを行い，再生可能エネルギーと省エネを，今後の国家的経済戦略の柱とした。

③公論形成と公論の役割——脱原発の世論に応え，さまざまな経路で，「脱原発」の公論形成を図った。

④参加と透明性の確保——市民が再生可能エネルギーの生産者になる道筋を示し，エネルギーに関するデータ，価格などの透明性を確保した。

⑤リスクの捉えかた——技術的なリスク評価やエネルギーに関するリスクと便益の比較衡量という方法の限界を明らかにした。

日本とドイツの一人当たり年間 CO_2 排出量 kg を比較すると，ドイツが日本よりも多い分野は，交通（道路）と住宅用熱消費である。それぞれ，1521kg 対 1735kg，451kg 対 1133kg（2014年）となっている。ドイツは道路（アウトバーン）建設に対して新幹線の整備が遅れており，この面では，日本はドイツと比べて進んでいる取り組みがある。それらを生かして，脱原発への下から（市民運動）と上から（各種議会と政府）の見通しを持つことが大変重要である。これがドイツから学ぶべき教訓である。

3）なぜ，日本で脱原発がすすまないのか

ドイツの脱原発倫理委員会の報告（2011年5月）が明らかにしているように，原子力問題については，経済的な理由よりも，社会的・倫理的な判断が優先されるべきである。経済的な判断であるコスト論は，短期的であり，不確実性が

あり，変動するからである。

　「原子力は安い」「原子力は安全だ」といってきたことが，事実と異なると明らかになったのは，歴史的・世界的な事態の展開結果である。「夢の原子力」の夢が破れ，現実の問題が明らかになった今こそ，原子力についての総合的な社会的・倫理的判断が必要なのである。事実と論理に基づく判断が求められているのである。

　原子力ビジネスは，リスクが高く，規制強化のためにコスト増加が予想される。しかし，地震の多発地帯にある日本において，なぜ脱原発の方向に進まないのか？　1つの回答としては，「原子力村」の存在があげられるが，これと関連するもう1つの問題は，国と電力業界，メーカーのもたれあいの構図が指摘される。また，脱原発となれば，電力会社の原発が「資産」から「負債」に転化するので，電力会社と投資会社，銀行，株主が反対していることも背景要因としては，重要である。東京電力を破産させない方向性もこのことが経済的背景として指摘できる。

　原子力部門が東芝解体の「引き金」になりうることは，福島事故から十分予想されることであった。にもかかわらず，原子力を事業再編の柱としたことに東芝の大きな誤りがあった。そして，国の側にも，それを支える政策（原発の再稼働と輸出）があった。この「もたれあい」と「無責任の体系」こそが問題の核心にある。これによる，国民負担の増加，リスクの増大，そして日本の産業競争力の低下がある。誤った認識と方針は，できるだけ早く正されなければならない。

　ドイツのように，福島事故を踏まえて，「安全なエネルギー供給」のための原理，原則を明確にし，電力会社が脱原発に反対しているならば，たとえば政府が脱原発の方向性を示す意思決定を政治的に行い，そのうえで電力会社から原発部門を切り離し，国営に移管する。そしてその代わりに電力会社に対し，再生可能エネルギーの飛躍的拡大を可能にするような「発送電分離」を承認させるという政策提起を検討すべきであろう。

114　　第一部　分析と提言

＊本章は，吉田文和「ドイツのエネルギー大転換」『日本の科学者』（2017 年 8 月号）の
同名論文を改定したものである。

参考資料

ドイツ環境相の寄稿全文
「脱原発通じてドイツは多くを学んだ」

（2017 年 7 月 6 日『東京新聞』朝刊）

　　ドイツのヘンドリクス環境・建設・原子力安全相（65）が『東京新聞』に
寄稿し，トランプ米大統領が地球温暖化対策の国際的枠組み「パリ協定」か
ら離脱表明したことを受け，離脱に反対する米国の州による「米国気候同盟」
と連携して引き続き米国を取り込み，温暖化対策での国際協力を進めていく
考えを表明した。パリ協定履行に向け，トランプ政権との対立も辞さない決
意を示した形だ。

　一年あまり前に福島第一原発と周辺地域を訪れ，原子力の利用はいかに甚大な
リスクを伴うのかを目の当たりにしました。2011 年 3 月 11 日，海底地震が引き起
こした津波は日本沿岸を襲い，広い地域が荒野と化し，2 万人近い住民の方々が亡
くなったり，行方不明になったりしました。
　その後の数日間に福島第一で起きた原発事故は大惨事となり，当時のドイツで，
政治における考え方を根本的に改める契機となりました。ドイツ政府は，国内の
原発の運転期間延長を決定したばかりでしたが，政策転換に踏み切り，原発 8 基
の運転を停止し，残り 9 基も段階的に稼働停止することを決めました。これによ
り遅くとも 22 年末にはドイツの全ての原発が停止することになります。
　この決定でドイツでは再生可能エネルギーが大幅に拡大しただけでなく，国内
の政治論争が納得いく形で収束し，エネルギー政策，気候変動政策の将来のあり
方が示されました。ドイツのエネルギーシフトは，同様の計画を進める他国にと
ってモデルケースとなるだけではなく，むしろドイツ自身が他の部門や業種で構
造改革を行う際に役立つ多くのことを学んでいます。
　ドイツは 50 年までに温室効果ガスニュートラル（排出量と吸収量を相殺）を広
範囲で実現しなければなりません。そのために必要な変革を社会とともに形づく
り，新たなチャンスが生まれ，皆が社会的，経済的，そして環境的に持続可能な
行動をとるようになることを目指しています。

116　　第一部　分析と提言

この枠組みを定めるのが，16 年末に，パリ協定履行のため長期戦略として策定された「地球温暖化対策計画 2050」です。この計画は，経験から学ぶ過程を打ち立て，定めた道筋が削減目標達成のために適切かどうかを定期的に検証することを盛り込んでいます。また，計画は欧州連合（EU）の気候変動政策にも合致しています。ドイツの 30 年温室効果ガス排出削減目標の「1990 年比で少なくとも 55％削減」も，EU の 2030 年目標のドイツ分担分に相当します。

　エネルギー需要を再生可能エネルギー源で全て賄うまでは，エネルギー部門で脱炭素化を推進するため，特にエネルギー効率を大幅に高める必要があります。

　これに関してドイツはこれまで日本から学び，今でも活発な交流を続けています。資源効率性の向上もまた，日本とドイツが協力して国際的に取り組んでいるテーマの一つです。日本との協力関係が，二国間でも，また先進七カ国（G7），二十カ国・地域（G20）といった多国間の枠組みでも築けていることは非常にうれしいことです。昨年の「脱炭素社会に向けた低炭素技術普及を推進するための二国間協力に関する日独共同声明」は，長期的な課題や温暖化対策のさらなる局面において，両国が共に進むべき道を示しています。

　米国政府がパリ協定からの離脱を決定したにもかかわらず，もしくは離脱決定があったからこそ，新たな協力関係が生まれています。ジェリー・ブラウン米カリフォルニア州知事とはつい最近，共同声明に署名を交わしました。知事は，パリ協定を順守するための州の組織「米国気候同盟」で主導的な役割を担っています。パリ協定は現米国大統領の在任期間を物ともせず存続し続けていくと，確信しています。

　ドイツは，特にフランスをはじめ EU 内で，そして日本，中国，インドとも協力し，地球温暖化対策をさらに推進したいと考えています。G7 ボローニャ環境相会合の共同声明は，協力関係を国際的にどう展開していくのかを示しています。ドイツが議長国を担う G20 でも必ずや野心的な成果が得られることでしょう。

　今年 9 月にドイツでは連邦議会選挙が行われます。どの政党が政権を担うことになっても，ドイツの温暖化対策の取り組みは変わることなく，場合によってはより野心的目標を掲げ継続されるのは間違いありません。ドイツの経済産業界も確固たる意志でこの政策を受け入れています。日本とドイツは将来も必ず，両国の温暖化対策技術をさらに進展させていくでしょう。

（バルバラ・ヘンドリクス＝ドイツ環境・建設・原子力安全相）

第二部

総括討論

飯田　哲也 × 藤野　純一 × 槌屋　治紀

荻本　和彦 × 明日香壽川 × 吉田　文和

壽福　眞美

［司会］

7名の報告者によるプレゼンテーションの後，3時間にわたって活発な意見交換・討論が行われた。その際会場の参加者からの質問・疑問・意見を最大限尊重しながら論点を設定するとともに，報告者同士の討論と相互批判も自由に行った。議論の過程では，共通認識とともに，意見の違いも明確になったと思う。（なお，発言内容に関しては，冗長な箇所や重複する発言を適宜割愛した。）

2050ビジョンと現在の新傾向の統合

壽福眞美——それでは討論を始めます。会場のみなさんから出た質問にも，できるだけお答えします。

　大勢の方から質問をいただきました。1つずつ簡単に紹介しますが，このシンポジウムではまず，「持続可能な社会を作る」とか「エネルギー社会を作る」とか，さらに「日本エネルギー計画2050」などと大上段にふりかぶった課題を挙げています。不確定要因が多いし，2050年のエネルギー計画を議論してなんになるのかという厳しい言葉が返ってきそうですが，私たちサステイナビリティ研究所の考えとしては，大学も研究所・研究機関も自分たちの研究の成果を社会に還元する義務，市民に公開していく義務を負っている。シンポジウムという形式もあれば，単行本という形式もあり，その他いろいろな方法がありますが，研究者は自分たちの研究の社会的責任を踏まえて発言していくことが重要です。2050年にすでにこの世にいないのが確実な人間ばかりで議論してもしょうがないという意見もあると思いますが，それはあくまでも，私たちが市民に対する責任を果たしていく作業の一環として，こういう催しをやっているのだとご理解いただきたい。

　2050年あるいは2030年を迎えるには，じつのところ不確定要素がたくさんあります。たとえば，アジアのパワーバランスはどうなっているのか，中東諸国は一体どうなるのか，アメリカのトランプ政権はどこまでもつのかもたないのか，等々です。ただ，どんなに不確実な要素が考えられるに

壽福眞美

しても、私たちがエネルギー計画のような社会の根本的な構造に関わる問題について、どのようなビジョンを提起していくのかということは——そこにはおそらく研究する側の価値観とか倫理観が根本的に影響すると思いますが——やはり考えなければいけない。さらに持続可能性(サステイナビリティ)について、私たちの誰もが口にするわけですが、そもそも「持続可能な社会」をこれから10年・20年・30年にわたってどのように構想していくのか、やはりきちんと考えなければならない。それから、いったいどのような社会経済構造上の改革、構造的な改革が起こりうるのかも当然、考えに入れておかなければなりません。

具体的にはたとえば、OECDのグリーンエコノミーと関連づけて、いま述べたような問題について質問をいただきました。H先生、発言いただけますか。

H氏── 2050年に向けてのビジョンをどう描くか、社会経済構造をどう展開・展望するのかが大事だと思います。今日の議論のなかで、それがあまり見えないような気がします。OECDのグリーンエコノミーは数量的な議論ではなくて、むしろ社会運営の考え方そのものに関しての転回を迫っている。つまり、自然あるいは人を含めた資源利用そのものの持続可能性を実現するために必要な論点を、4つほど出して、そこをターゲットに社会運営する展望をもっている。そのなかで、エネルギーは1つの要素なのですね。そこをどう考えるのか。つまり、大量消費で、廃棄物はそのまま廃棄し、リサイクルはもちろんするにしても、廃棄速度は一切考慮しない。それから時間的要素も考えない。そういう現在の社会の展望でほんとうに持続できるのだろうか、というよりも、そういう議論とエネルギー政策とはセットである気がするのです。

もっと言いますと、今日のエネルギー需要というお話がありましたが、

エネルギー需要は社会経済構造と密接不可分ですよね。30年後のエネルギー需要構造はどうなのだろうか。モビリティ（交通・移動）も今のままなのだろうか，あるいは消費構造，生活ライフスタイル，働き方はどうなるのだろうか。そのような展望がないと，少なくとも需要は見えない。その需要をどう見るか，もう少し議論していただきたい。あるいはみなさんのモデルはどういう需要構造を前提に考えておられるのか，そのあたりのお話をいただいたら分かりやすいかなと。

壽福——社会構造的な前提，社会文化の価値観に関わる問題ですね。生活の質を落とさずにエネルギーの消費をどう減らしていくか，自然循環をどう考えるか。根本的な大前提になることです。おひと方ずつ，自分はこう考える，あるいは自分のシナリオではこういう想定だというのをお話しください。

飯田哲也——槌屋先生がサステイナビリティを定義されていましたが，いまのご指摘は，1つにはビジョンというか，「それを具体化するにはこういう要素があるべきだ」という方向性を出しつつ，その一部をエネルギーや経済に織り込んで，需要を出していく話があると思います。私自身はモデラーでもないし，モデルは作っていないのですが，それは必要だと思います。そして，同じ質問用紙に書いておられるデカップリング（資源消費と経済成長の絶対的分離）の話。デカップリングは必然的に起きつつあるけれども，それをもっと加速させるにはどうすればいいか。需要をどうするのか。より具体的には，住宅の断熱構造の質を上げるとか，社会全体のエネルギー効率をコージェネレーション（熱電併給），地域熱供給を含めてどう高めていくかという，「あるべき論」をある程度定義する。それに加えて冒頭で私が申し上げたのは，「日本エネルギー計画2050」そのものを批判したのではなくて，それは私も重要だと思っているのですが，同時に2つの要素を考える必要がある。昔，ロイヤル・ダッチ・シェルがシナリオ・プランニングをやっていましたが，将来というのは単に数字的に経済成長とエネルギーがこうなるというだけではなくて，社会構造を含めていろんなものが変わりうる要素を見ていったほうがいい。いま，冒頭で壽福先生がおっしゃっていた部分です。同時に，いま起きている現実を織り込まない

総括討論　123

飯田哲也

とまずい。つまり，2050年のことをきちんとビジョンとして議論するのは重要なのだけれども，すでに再生エネルギー，とりわけ太陽光と風力に関してはもう完全にパラダイムが変わっている。これはここ数年に起きたことです。それが古いエネルギー計画の集合ではなかなか織り込まれていない。モビリティもそうです。今日私が紹介した一例は，トニー・セバ（スタンフォード大学講師）が8年以内に化石燃料自動車は1台も売れなくなるという，驚愕するシナリオを出したわけです。でもそれはあながちありえなくもない。いま起きているそういうリアリティをどうきちんと織り込むか。ちょっと紹介したように，ボルボはもうすべての自動車を電気自動車に変えると宣言しました。これはじつは，ドイツのエーオンとかRWE（ライン・ヴェストファーレン・エネルギー），いわゆる大電力が死のスパイラルに入って，いま再エネに逃げに行っている構図とまったく一緒です。自動車業界がこのままいくと，グーグルとアップルとテスラが頭脳を獲り合い，大量生産を全部中国にもっていかれているように，これまでのドイツや日本のビッグ自動車メーカーはどこで生き延びるのかという状況が現実に起きている。それをちゃんと見ないと，2050年のビジョンだけを議論していてもダメではないかというのが，今日私が冒頭でお話をした要素です。「あるべき論」と，いま起きている現実とをどうつなげていくのかが重要です。

藤野純一——飯田さんの激しく動く現実の話のあとではやりづらいのですが，今日の発表では昔話ばかりしたので，もう1つの昔話をお話しすると，2004年から2008年まで私は，2050年の日本の低炭素社会のビジョンや，形がどうなるかという研究もしておりました。槌屋先生にも助けていただいて作ったのですが，2つのビジョン，成長型とか地域型といったビジョンを作りながら，人口動態はどうなるか，そこにどういう形態の人たちが

住むのか，必要な家の数がどうなるのか，どこに住むのか，断熱がどう進むのか，そういったことを仮定して，需要側からも積み上げながらシナリオ・エネルギー需給分析をしたことがありました。それを紹介すればよかったかなと思います。ただ，ご指摘いただいた点については，そのときもやはり，いま見えているものしか予測できないというか，盛り込めなかったところがある。なかにはITチームがあってもっと面白いことを言ってくれたのですが，定量化できないものはシナリオには入ってこない。また，ある程度説得性をもたせないといけないときに，なにか突飛に思われるために盛り込めないというふうに，多様性が失われることでシナリオはできていく。委員会などでつくるエネルギー需給のシナリオは，もっと厳しい制約のなかでつくった気もするのですが，そのあたりはもっと多様に表現できる形があればいい。

　一例として，滋賀県に東近江市というところがあります。「三方よし」（近江商人の商いの精神）で知られているところですが，琵琶湖の環境研究所で，私どもの作ったモデルを一部活用していただいて，地域のエネルギーや温暖化，地域の持続可能性シナリオを作りました。その地域の20数名の方が円卓会議の委員になって，「みなさんはどんなふうに住みたいか」という問いに基づきながら，ブータンの話ではないですが，時間の使い方をどうしたらいいかとか，人との接し方をどうしたいかとかをシミュレーションして分析しているケースもあります。自分としては，狭義というかもっと狭い意味でのエネルギー問題としてのシナリオづくりもあれば，広義のエネルギー問題をなかに入れながら，でもどうしてエネルギーが必要なのか，それで人々の暮らしは豊かになるのか，リスクがどうなるのかを含めたものにようやく広がってきていると思うのですが。いままではかなり

藤野純一

槌屋治紀

閉じた人たちのなかでやっていた。そのあたりは，今日も会場に一部若い方がいますが，若い方々とどう議論すべきかを考えています。

槌屋治紀——エネルギー需要を分析している研究者たちは過去の傾向(トレンド)を分析して，それをモデル化して将来に伸ばすという方法を基本的に使っています。たとえば，政府の委員会等で将来のエネルギー需要を考えるような場合には，そういうモデル式に基づいていないと，ありとあらゆる反論に出会います。モデル式を使わない場合，たとえば住宅は，しっかり断熱すれば暖房装置などが不要になることは物理的には可能で，魔法瓶のような家を建てるとか，泡を使ってお風呂に入れば使う水の量はほんのわずかでいいとか，そういう方法が考えられます。また，将来はAIで仕事がなくなるからベーシックインカムで支給するとか，シェアリング・エコノミーが広がるとか，そういう可能性を社会構造の変化として考えてエネルギーの将来を考えるわけですが，そうするとほとんど話を聞いてもらえません。ですから，エネルギーの分析をする人たちが2050年のことを検討すると，なんとかしてモデル式を使ってということになってしまう。しかし，私は長期のシナリオにはモデル式は意味がないと思っています。モデル式では，30年先も現状と変わらない社会を考えることになるからです。

　私は，1973年の石油ショック以後，エネルギーをテーマにすることにして，4～5年調べてから，将来はもう自然エネルギー100％にしたほうがいい，と考えました。そうするには100年か200年かかるから，これは文明の大転換だと思い至りました。さきほどの最後のスライドで，1980年に書いた『エネルギー耕作型文明』という本を紹介しました。そこでは，具体的にいろいろな計算をして，太陽や風力発電の規模を示す計算をしました。

ところが，100年も経たないうちに変化が出ています。私は，考えたことを生きている間に見られそうです。エネルギー耕作型文明になっていくと思っています。どのようにしてそうなるのかを，一方で社会構造的変化を考慮しながら，他方でエネルギーの計算を定量的に，説得力あるように示すことが必要だと考えています。

荻本和彦——ふと思うのは，人間は2050年といった遠い将来のことをあまり考えてこなかったはずなのです。たとえば，普通の会社の事業計画では3年分考えるの

荻本和彦

が関の山でしょう。ちょっと長めの会社で5年くらい。10年以上先を考えているところはほとんどなくて，一分野だけあったのが電力会社なのです。大規模な電源や送電線を作るには時間がかかるので。ということは，いまの時点で多くの人々が2050年を語るというのは，基本的におかしいのではないか。人間としてそもそもできそうもないことをめぐって，不確実性が多いなどと議論するわけですよね。そして，結局よくわからないで終わるのです，絶対に。けれども，その問題が長期にしか解決できないということを認識してしまったら，やっぱり，当たらないとしても天気予報は必要というふうに考える。天気予報は絶対に当たるとは思っていないけれども，自分が何も知らないよりはきっといい判断ができると思うので，予報を見るわけでしょう。気象協会には怒られますが（笑）……もっとも，この頃はよく当たります。

槌屋——当たるのですが，やっぱり当日の朝でさえ，その日の太陽光発電の出力は大外れします。外れるけれども，われわれが将来を考えたいということに話を戻すと，少しでもいい情報があれば，少しでもましな足元での選択ができる。そこを忘れてはいけません。2050年について，精緻にはできなくとも，最終的には手元で一番いい選択を毎年，または3年ごとにで

もしていくのが重要だということになります。

　そういう意味で将来のエネルギー需要を考えると，長期的にはトレンドで伸ばすのはもう無理になっている。人口や世帯数の減少があるなかで，どういう電化製品やエネルギー技術が普及するのかを考えたい。分からないなりにも，現実に生じている兆候に注目して，将来を構想する方々と共同で作業しているというのが現在の方法です。

壽福——ありがとうございました。ドイツやヨーロッパの電力市場を見ていると，今日の報告で出てきたような調整問題は，とても緻密にやっていますね。けれども外れるのです。そのあたりをどういうふうに考えていくかは重要な問題です。

明日香壽川——関連すると思われる何点かについてお話しします。いま2050年を考えるのはそもそもおかしいというお話がありましたが，2050年を考えなければいけない理由の一つとしては，やはり温暖化問題がある。すなわち，現在のわれわれの行動が2050年，2100年に大きな影響を与えるという前提で現在の行動を考えなくてはいけない。そういう意味でいまの「足元」というのがある。やはり，2050年，2100年，2200年代の地球をイメージしなければいけない。また，消費はとても重要な問題です。今日たまたまラジオで聴いたのですが，このままでは，2050年の海の中のプラスチックの重量は魚全体の重量よりも大きくなるようです。プラスチック・ボトルの販売をサンフランシスコはもう禁止しています。罰金は1000ドルのようで，おそらくこれからそういうことがいろんなところで起きてくる。

　先ほどの温室効果ガス排出削減シナリオの話ですが，2ヶ月くらい前，ジャスト（JUST：Japan's Union of the Concerned Scientists on Energy Mix and Climate Target　日本のエネルギー・ミックスと温暖化対策数値目標を考える研究者グループ）と

明日香壽川

いう研究者のグループで，まさに考えられるシナリオについてディスカッションしました。結構，みな言いたい放題だったのですが，面白かったのは，私とか槌屋先生は比較的楽観的で，かつ良い意味で保守的で，2050年はバラ色になるというような感じのシナリオを出しました。一方，若い人は，それこそ日本は中国の属国になっているとか（笑），そういう暗いことを考えていた。そのように，具体的なシナリオを一緒に議論して，やっと5つのシナリオをいま固めたところで，これから各シナリオの経済評価を，一般均衡と呼ばれるような経済モデルで行おうと考えています。いずれにしろ，もし2050年にたとえば自然エネルギー100％を実現するのであれば，エネルギー消費量を半分くらいに減らさないと無理です。それは，じつはどの研究機関のモデルの結果もそうなっている。しかし日本では，議論のなかでどうしても再エネはよく前に出てくるのですが，大事な省エネの議論が少ない。これからの消費文明をどうするのかの議論が少ないというのが現状でしょう。

吉田文和——私のテーマとの関係で，つまりドイツとの関係で議論すると，未来予測というよりは日独比較で考えます。今後の共通面を考えると，世界全体でみれば高度文明ですので，少子高齢化とか，CO_2の一人当たり排出量や環境負荷という点でも，似ているところがある。ただ，ドイツと比較した場合に日本が考えなければいけないのは，最終的な目標です。生活の質という視点がドイツではかなり強いのと，環境負荷を下げながら生活の質を上げる，あるいはいわゆるデカップリングをするという志向は向こうのほうが強いので，そのあたりが日本の将来を考える上で違うところです。それからもう一つは社会問題ですが，戦後ドイツの場合は東西分断や移民などの社会構造上の問題で，現在シリアやトルコなどから起こっている問題で

吉田文和

すけれど，この問題に日本も何らかの形で対処せざるをえなくなるだろう。ドイツに関しては，予測というよりも，そういう形で比較して考慮すべき点が出てくるということを指摘しておきます。

定性的・定量的分析の統合

壽福——ありがとうございます。論点をさらに詰めたいのですが，報告者全員に対して，次のような質問が来ています。省エネルギー，再生エネルギーによる温室効果ガスの８割減を仮にめざすとして，ライフスタイルの変化，あるいは地域の土地利用，それから居住形態，生き方，価値観の変革が必ず必要だと思う，と。それを定量的な条件でどのように扱うのか，という質問です。おそらくこれに対する答えはだいたい分かっていますが，みなさんにそれぞれお答えいただきたい。あるいは質問者の方，私の紹介の仕方で足りないところがあればどうぞ。

Ｓ氏——法政大学のＳです。いま言っていただいた通りですが，こういう計算をするときにはやはり数字にしなければいけないので，いろんな技術をいっぱい計算に入れるんだなという印象を与えがちだと思います。技術を入れて，一つ一つ計算して，「×（かける）それ×（かける）＝入れる量」というふうに，かけ算で出していく感じだと思うのですが，そうした時に，数字にならない部分がある。質的な話とか，数字にならないところもきちんと示さないといけない。また，個別の単体技術ではなくて構造的な話，つまり，どこに住むのかという居住の話だと，都心ではなくて田舎に住んだほうがいいとか，そこで集住化してコンパクトに住むとか，世帯もできるだけ集まって住むとか，そうした構造的な話はなかなか数字になりにくい。要するに，国民的に議論するときに，そういう構造的な対策も示していかないと，ただ技術をいっぱい使わされるんだなというイメージの受け止め方になってしまうと思うのです。

壽福——これは重要な論点で，定量的な分析，定性的な分析どちらも必要なわけです。いまＳさんが端的におっしゃったように，定量的に扱えないものはたくさんある。現実に何が起こっているか，５年先・10年先にどう変

化していくのかを分析する際にも，その要素はたしかにあります。けれども，個人的な意見を言わせていただければ，荻本先生の考え方に近いのですけれど，現在の時点で選択肢をどのように準備できるのか，あるいはできないのかという形で社会に問題提起していく。その時に当然のことながら，定量化できないものがある。とはいえ，今日のみなさんの報告を聞かれた方はお分かりになると思いますが，だいたいみなさん定性的な要素も考慮した形で，自分たちの研究を進めておられる，と私は思っています。

飯田──エネルギーをどこにどう落とすかは，のちほどおそらく藤野さんや槌屋先生，明日香先生から出していただくと思いますが，定性的な部分が定量的なところに逆に現れているのではないか。デカップリングについて少し触れたいのですが，みなさんもご承知の通り，デカップリングとはエネルギーと経済のいわゆる分離です。先ほどからも省エネのコンテクストで話をされている通りですが，もっと重要な要素は，私は経済の高付加価値化の要素がかなり大きいと思います。日本でも先ほど明日香先生のプレゼンにあったように，重厚長大産業の GDP が非常に低くて，それよりも自動車産業の付加価値が大きく，それよりも IT 産業の付加価値が大きい。入れ替わりで，IT 産業の使っているエネルギーは少ないし，自動車産業のほうがもっと大きいし，重厚長大産業は大量に使っている。ですから，エネルギーに対する付加価値は，経済そのものがどこまでソフト化，非物質化，非エネルギー化しているかという点とも相関性がある。その意味で，日本は非常に遅れているのではないか。

　日本では微妙にデカップリングをしていて，ヨーロッパのようにはっきりとは出ていない。とくにドイツや，ましてや北欧ほどにも出ていない。日本は一人当たり GDP がかつての 2 位か 3 位から 20 数位まで落ちていて，たとえばドイツは日本の 1.3 倍くらい，デンマークは 1 7 倍くらいです。日本の平均労働時間は 2000 時間ですが，ドイツが 1500 時間くらい，デンマークは 1300 時間です。一人当たりだけではなくて，一人一時間当たりで割り算すればもっと大きな差になる。それは何に表れるかというと，今度は質に落ちてくるわけです。たとえば，日本の地方都市。私も田舎生まれですが，日本中で地方都市は，寂れ感が半端ないですね。それに対して，

たとえばドイツの地方都市にも問題はあるものの，非常に熟度があります
し，デンマークでも，たとえば人口1万人の都市にハーバード大学の教授
が来ても，きれいなレストランもちゃんとあって，充分文化的な暮らしが
できているのがわかる。だから結局は，最後に還元されるのは経済全体だ
けれども，人間一人一人の付加価値が，日本は急激に落ちてきているので
はないか。さらに言うと，なぜ日本の太陽光電力はあんなに高いのかとい
うところに戻りますが，仕事をしていないのにお金を抜いている人たちが
いっぱいいる，中間に。まったく付加価値を生んでいないことがそこに顕
著に表れている。一人ひとりが本当に付加価値を生み出す社会にもう一回
転回していかないと，根崩れを起こしつつあるぞということです。デカップ
リングからさらに発展してしまいましたけれども，危機感を持ちつつそ
こを反転させる。ことは温暖化だけの話ではないし，エネルギーだけの話
でもない，むしろ社会全体をどう組み替えていくのかが重要だと私も思い
ます。

藤野——たとえば，中央環境審議会の地球環境部会で中長期ロードマップを作っ
たときには，都市の専門家にも入っていただいて，シンクタンクでも交
通流モデルを作って，人の移動が変化したらどうなるかという分析も入れ
たのですが，やはりこれはどれだけ大胆に前提を置けるかによって結果が
大きく変わってきます。先ほど槌屋先生からも，過去のしがらみからなか
なか決別できないという発言がありましたが，やはり数字で見ると単体対
策のほうが技術革新の根拠となるというか，「これだけ会社の効率が改善
するといいな」という期待が生じる。だから「開発費をください」という
面があるかもしれませんが，そういう裏付けのほうの情報が多い。ライフ
スタイルの変化によって消費者の行動がこう変わって，これだけエネルギ
ーが減って，CO_2が減るということを示す前の段階の，機器効率の改善で，
効くところを多く見せてしまっている面がある。そうすると，国民の対策
も「あ，じゃあ買い替えればいいのか，でもお金がないから買い換えられ
ないね」というところで終わってしまうのが，これまでのモデルの限界だ
と思います。

槌屋——ライフスタイルがどう変わるかとか，地域の土地利用がどう変わるか

について回答します。第一は，ほとんど変わらなくても，また変えようとしなくても，このエネルギーシナリオは成り立つのではないかと思っています。IT化が進んだり，自動車がAIで運転されるようになったり，カーシェアリングが増えたりすると，自動車を保有しようという必要性はどんどん薄れていって，自動車の生産台数が自然に減少する。それから，土地利用はほとんど変わらないとはいえ，人口も減ってくるので，食糧生産に必要だった土地に太陽光パネルをつけたり，建物の壁，自動車の屋根，道路につけたりとなって，太陽光パネルがたくさん使われるようになる。ライフスタイルをほとんど変えなくても，自然エネルギーの普及とか，省エネ技術の普及に影響を及ぼしていくと考えられます。

荻本──ライフスタイルとの関係でいくと，先ほどのヒートポンプ給湯器でお湯を沸かすという話は，「一日のうちの電気がふんだんに使える時間帯に沸かしましょう」ということですから，ほとんど何の制約もありません。これに対してEV（電気自動車）を利用しようとすると，EVがプラグにつながっているときにどのくらいお腹が減っているか（充電レベルSoC：State of Charge）によって，充電できる量が決まります。次に出かけるまでに，また充電しないといけない。わりと近い将来，今年か来年にしようと思っている計算は，そういう車の出入りについて，どのくらい走って戻ってこられるか，制約を作らない範囲でどのくらい移動できるかに関するものです。放っておくと，帰宅した瞬間に最大の充電をしたり，太陽光発電の出力がなくなった夕方に最大の需要が来たりという，最悪の事態になってしまう。そこで，深夜に充電すればいいんですよというところから始めて，より全体的に最適な充電を実施しなければならない。でも，夜出かけようとすると充電中という場合もあるかもしれない。このような電気の使い方は洗濯機についても言えるし，他のいろいろな用途についても考えられます。難しい話ではなくて，エネルギー問題への具体的な取り組みは，自分たちのエネルギーの使い方にどう制約をかけずにできるかがポイントです。裏を返して言うと，たとえば再生可能エネルギーの変動があっても，これこれの容量のバッテリーがあれば制約はなくなります。ですから，これは最終的には経済性の問題になります。おそらく，こういう基本

的なところが重要で，2050年に向かってどうすればいいのかという漠然
とした問題ではない。いまから10年以内くらいの間に，われわれがいま
普通に使っているものを電化して，それをどううまく使いこなせるように
するか，使用上の制約をどのようにしてなくすのかが，おそらく課題にな
るのではないか。

　そのときに重要なのは，PV（太陽光発電）と風力発電が増えると，も
うすでにドイツで起こっているように，「電力量」の価値が下がります。
というのは，需要とマッチしない分が余ってしまうからです。いままでは
火力発電の燃料を減らすという意味で省エネルギーが決定的に大事だった
のですが，将来は省エネルギーをした上で，変動する発電の電気をどうう
まく使い尽くせるかが重要になってきます。もしかすると，いままでより
もエネルギーを使ってもいいのだけれども，全体として安くできるかどう
かが鍵で，日本では，私の計算のイメージでいくと，おそらくPVが1億
キロワット，風力が3000万キロワットに入ったあと，2035年頃より先は，
どのようにして変動する電力を使うかを考える時代に入ります。ですから，
いままではエネルギーをエネルギー量（kWh）で計量して取引していた
のですが，今後は，需要に合わせてきびきび使えるエネルギー（「キロワ
ット」と言っています）を取引する時代になる。そうなったとき，人間が
ついてこれるか，または人間が無理であればその代わりのできる製品を作
ることが企業にとって重要になるでしょう。

壽福——要するに，需要側がどのようなエネルギー形態，どのレベルの質のエ
　ネルギーを必要としているかをきちんと積み重ねていくことが重要で，こ
　れは槌屋先生も1980年に言われていることです。アメリカで言えば，エ
　イモリー・ロビンズがもうすでに70年代に言っていることですが，やは
　り需要側でどういうものを求めていくかを詰めていく議論がどこかで必要
　なのですね。たしかに，いままで私たちは供給サイドの問題をある意味で
　は重視させられていた気がしますが，それを逆転させることがどうしても
　必要に思います。

明日香——ライフスタイルに関しては私もエネルギー・モデルをやっている人
　たちも同じ考えだと思いますが，基本的にエネルギー・サービスの質は変

134　　第二部

えないという前提でやっています。そうじゃないと社会的に受け入れられない。CO_2 の排出削減という意味では，「2 度目標」も新しい革新的な技術が必要なのではなくて，いまある技術を普及すれば達成できると前から言っているのですが，一部の人が，革新的技術がないと達成は無理だと言っていて，逆に難しい話にしているところがあります。

あと，定量的に表せないものは何かというのを少し考えたのですが，いわゆる「何が幸せか」は定量的にはなかなか難しいです。ただ，1 つ言えると思ったのは，まさに省エネが進んで，再生可能エネルギー 100％の世界になったら，戦争が減ります。つまり，世界は平和にはなる。南米のコスタリカは，もう再生可能エネルギー 90％，たぶん 100％に近いですけれど，軍備にお金をかけないで，その分のお金を再生可能エネルギーにかけますという政府関係者の発言を聞いたことがあります。世界の今のいろんな紛争の原因の 1 つである化石燃料をめぐる争いがなくなるのは，世界の平和につながって，それが心の平和にもつながる。

最後に，他のエネルギー供給計画を考えるなかで定量的なものの，コンセンサスがなかなか作れないのは割引率だと思います。単純に言うと，10 年で元が取れる省エネ案件が多くあるものの，10 年後に社会がどうなるか，会社自体がどうなるか，業界自体がどうなるかよく分からないので，会社として長期の投資ができないということが実際にあると聞きます。会社が長期点な観点から投資をするという前提でモデルを計算するのか，それとも 3 年で元がとれる案件にしか投資しないという前提で計算するのかに応じて，結果はまったく変わってきます。たぶんこの割引率に関する研究者間でのバトルがこれから一番大事かなと思います。企業がいだく不安感をどう払拭するのか，そのために国は何ができるのか，そういう話が重要になるでしょう。

吉田——私も北海道に長年，30 年から 40 年住んでいて，ドイツやデンマークの農村部の調査に行っても，飯田さんが指摘されたように，やはり 1 人当たり 1 時間当たりの GDP の比較をしようという話になるのですが，たとえば北海道で地域暖房をやろうとしても，結局高いシステムを輸入せざるをえず，なかなかうまくいかないわけです。それは技術の問題とか，住民

総括討論　135

の合意とか，高コスト問題とかが全部絡んでいます。全体としては，人口減少はドイツも同じですが，日本の場合，北海道などはとくに周辺部の人口がものすごい勢いで減っている。それを維持するためのいろいろな補助金も多い。主に道路関係ですね。地域に合った生活の質を高めるような形では支出されないし，合意も充分できていないのを何とかしないといけないといつも思うのですけど，そこがやはり難しい。

　ドイツの場合は，農村部に行くと人はかなり減っているわけですけれども，やはり協同組合方式その他を使って，地域暖房を作る組合を作って維持する。収入は別の形で得て，農業もやりながらそっちもやるといったような，いろんなパターンがある。日本のとくに人口減少地域で，生活の質を維持または上げながら，いま言ったようなエネルギー関係でどうやって適切なシステムを作っていくかはかなり重要な課題だし，難しいところだと思っています。こうすればいいというのがまだないと思うのです。

日本の再生可能エネルギー政策の問題点とその原因

壽福――これは全員に答えていただく必要があるかどうかは分かりませんが，日本の再生可能エネルギーのコストが外国と比べて高い原因が，日本の産業政策決定方法にあるのではないか，という明日香さんの報告がありました。なぜこんな構造が生じているのかという質問です。飯田さん，これは数字で出せますか？

飯田――太陽光のコストは私の資料の 15 ページ目に，日本だけかけ離れて倍ぐらい高いというのがあります。が，太陽光だけではなくて風力も高いです。それから地域別供給のパイピング・コスト（配管・配線設計製造・敷設・保守・点検等を含む工程全体の価格）も 10 倍から 100 倍高い。ところが 1 人当たりの人件費は，ドイツや北欧のほうが圧倒的に高いです。日本は GDP が高いからと，さっと流す人がいるんですが，逆に日本のほうがいまは安い。最近だとシンガポールあたりから，日本の人件費は安くてそれなりに教育も整っているから日本に外注しようかという話があるくらい，日本は安くなっている。それはともかく，なぜこんな構造になってい

136　　第二部

るのか。私の最大の仮説というか，だいたい確からしいのは，たとえばデンマークとかドイツであれば1人が多機能でいろんなことをやるわけですが，日本は1人でできることを何人もかけて，しかもそこに組織がいっぱい入る。するとトランザクション・コストという取引コストも入る。要は，1つの組織がそれを出すと粗利が5割くらい乗りますから，それが3つ4つ入ると，あっという間に数倍のコストになってしまう。一人ひとりの仕事の付加価値が低く，余分組織がいっぱいあるというのが最大の原因かな，と。この前，デンマークでもビジネス供給の仕事を見てきましたが，たったひとりで1日かかってずぅーっと作業していくのです。全部，GPSを使って正確にやって，溶接もできるし，運転もできて，パカパカやっていく。日本だとたぶん，溶接は溶接屋さんが来て，しかもそこに規制の問題が入って，これは夜の12時から朝のここまでしかできませんとか，交通規制やりますとか，しかも土をいったん出したら，山のどこか土捨て場を探してきれいな土をもってくるとか。規制の問題も，じつはそこに引っかかる。規制だけで10倍にはならないので，規制ではあくまで数10%高くなる。電力の話だと，そこに系統の問題が入ってきます。とくにデンマー

クとかドイツではスーパー・シャロー方式なので，系統に関わるお金は全部系統が払うのですが，日本は再エネ側になる。日本は最近セミ・シャローになったとか経産省が言っていますが，とてもとてもセミ・シャローではなくて，あれはディープのままで，結局発電コストになる。ただ，高くする要素ではあるけれども，これでも数倍にはならない。制度的な問題とか，規制の問題が何割か高くしている。圧倒的に古い産業構造が原因です。それを突き詰めると，1人当たりの付加価値というかパフォーマンスが低すぎる，という状況があります。

壽福——たとえば，太陽電池やパネルの生産・運送・設置・運営をトータルで見た場合，大きな産業構造のなかで，途中にいろんなものが入るというお話でしたが，具体的にはどういう形で発生するのですか？

飯田——それはいま，経産省のなかでもレポートが出ていますし，海外でも最近出始めていますが，ソフト・コストとハード・コストに分かれていて，パネルはもうやはり基本的には中国なのです。ドイツで作ろうが日本で作ろうが，パネルとかパワコン（パワー・コンディショナー，たとえば太陽電池で発電した直流を交流に変換するインバーター）とか架台とかはそんなに変わらない。架台は日本で作るか，中国から輸入するかですが，それでも日本が若干高かったりする。そして，そこに乗っかるソフト・コストと言われる，いわゆるモノ以外の費用，これが日本ではハード・コストのだいたい3倍から4倍くらいです。ドイツとかだと，ハード・コストの半分くらいしか乗っからない。

　人件費や取引費用などがいわゆるソフト・コストですが，これがハード・コストの半分くらいで収まるドイツと，ハード・コストの3倍4倍乗っかる日本。そのぶよぶよした部分に，いろんなミステリーが密接に関わっていて，そこを何とかしないことには……。明日香先生によれば，市場が成熟していないからだということですが，たしかに地熱とか他の分野は成熟していない要素があるけれども，太陽光は日本は中国に次いで2番目に設置量が大きい。そうでありながら，なぜこんなに高いのか？

　1つだけ別の要素があって，先ほど少し言いましたが，36円案件がまだ15ギガワットぐらい残っているんです。これまでできあがったのも圧倒

的に40円，36円案件で，いま製造コストが15万円くらいまで落ちています。昨年で20万円，本当の裸コスト，EPC（設計・調達・建設）コストは20万くらい。けれども，36円に引っ張られて，逆にコストを高く見せている部分があります。たとえばいま，みなさんが「太陽光発電ドットコム」を検索されたら，想定利回り11%とか出てきます。あれは裸コスト十数万円で，もう安くいっぱい作られてるんですけど，外で売るときには，36円から逆算して11%になるようなプライスにして出している。そこの部分が，80ギガワットのうち，35プラス15の50ギガワットくらい，トータルのコスト・インパクト（工事費用の増加原因）として外に見えてしまうという部分も，日本の特殊事情としてあります。やはり，FIT（固定価格買取制）の制度を作ったあとの施工のプロセスが，きわめてお粗末だった。いまからだから後知恵になりますけれど，当初FITが2012年7月にできて，たとえば最初の4分の3年あったわけですけど，そのくらいは50万か100万くらいにとどめておいて，プロセスを作るためのパイロット期間を最初設けたほうがよかったと思うんですよね。

　最近スペイン政府と話をしたのですが，彼らが言うには，「俺たちはバブルで失敗したので，バブルが始まる前，日本政府の人がいっぱい来た」と。それで，自分たちのバブルの失敗を学んだのかと思ったら，日本も同じバブルの失敗をしてるじゃないか（笑）と笑われました。官僚はすごく頭がいいのだけれど，実行するのはいわゆる外郭団体なのですね。その人たちはパフォーマンスがお粗末，というと失礼ですが，やはりそこをきちんとやっていかないとまずい。いずれにしても，36円案件に引っ張られてコストが高く見えている構図が，日本の太陽光についてはある。

壽福——この問題はこれからの再生可能エネルギーをどう拡張していくかにも関係しますし，構造的な問題ということで言えば，FITも制度として固定されているわけですよね。それを変えていくのは，なかなか大変でしょう？

飯田——いや，FITはですね，猫の目のようにどんどん変わっているので，もう複雑です。

壽福——金額も下がってきている？

飯田——金額も下がってきていますし，どんどん新しい細かいルールが加わって，徐々に複雑極まりないものになっている。ちょっと大変だなという気はしますね。

　もう一つ別な問題として，バイオマス発電がある。バイオマス発電については初期からずっとわれわれはコージェネを前提にしろと言っていたのですが，そこは経産省はまったく考えず，農水省もあまり強く言わなかったので，結局モノジェネと言われる，熱を全部捨てる発電で，超巨大な機械がガーッと，1万とか2万キロワットとかで動く。それがいまここにきて，一気に1千万キロワットくらい，先ほどの槌屋先生のシナリオをはるかに超える量の設備認定が通ってしまっている。これだと，日本中の山をはげ山にしたってとても追いつかないほどのバイオマス量が必要になる。しかも熱は捨ててしまうので，システムとしては非常に非効率で，ほとんど東南アジアのPKS（パーム椰子殻）とかチップとかを輸入する計画と組み合わさったりする。それを考えると，日本の1千万キロワットというのは，あまりサステイナブルではないかもしれない。

槌屋——太陽光発電が高い理由の一つとしてずっと言われてきたことは，以下の点です。日本では1979年から，とくに90年代に入って研究開発と普及の両方に補助金を出すようになりました。太陽光パネルの値段が高いのは，政府が補助金を出してくれるので，このことに慣れてしまっているからです。本気でコストダウンしない状態が続いた。2004年頃かな，NEDO（国立研究開発法人　新エネルギー・産業技術総合開発機構）がこんな本を出しました。『なぜ，日本が太陽光発電で世界一になれたのか』という，なんとも変なタイトルの本でした。

壽福——脱落した年に？

槌屋——そう，脱落する寸前。よくこんなひどいタイトルの本を出せるなと思ってみると，その1年後か2年後には，日本はもう脱落してしまいました。世界の動きが見えていない。だから，もう回復することができるかどうか分からないけれども，いま，新しい技術のペロブスカイトとか，量子ドットタイプなど新しいタイプの太陽光発電の技術開発が進展して，もっと安くて薄いフィルム状のものができるかと期待しています。

140　　第二部

それにしても，日本では政策を作るときに，あとで責任を取るような形でやらないと，誰がこれを決めたのかよく分からないことになります。FITもそうだけれども，よくないと分かってからも，誰も責任を取らない。そういう状態が続いている。

飯田——槌屋先生，さっきの本は，2007年1月1日発売でした。

槌屋——そうですか。ありがとうございます。

飯田——だから，日本が明示的に脱落した後ですよ。さんざん笑った記憶があるので。

荻本——審議会でも申し上げていますが，一番大きい問題は，FIT制度における買い取り価格が当初高すぎて，まだまだ高いということです。ここですべての経済性のモラルがなくなったといえます。おそらく，産業としてはもう勝負はいったんついている。非常に残念ながら，オイルショック以来40年くらい技術開発費を投入してきたPV産業には，おそらくもうチャンスはない。

壽福——ない。

荻本——というのは言い過ぎです。言い過ぎなのですが，何がいま起こっているかというと，パネルのコストが下がっているので，パネルの価格を安くするセルの技術の競争力に対する付加価値が下がっています。かつてはパネルに関するコストは，PVシステム全体のコストの非常に大きな割合を占めており，それを半額にできれば大きいという時代がありました。しかし，セル自体にはコストダウンの付加価値はごくわずかしかないことになります。そのようなチキンレースにもう一回参戦して勝てるかというのは，チャンスはあると思いますけれども，なかなか主導権は取れないと感じます。

壽福——日本の場合は，イノベーションのインセンティブが決定的に弱いということですか？

荻本　というより，安くなったものはどうしようもない。

　さっき申し上げたことですが，PVの機能は，日射に応じて最大の出力を出すというだけではありません。世の中の人がとっても嫌がる「抑制」，という表現がまずければ「制御」という言葉に置き換えてもいいのですが，

総括討論　141

そういう機能がついていない現在の日本の太陽光発電システムは，車でいうとブレーキのついていない自動車と言えます。ブレーキのついていない自動車は安く作れるからといって，そのようなものを作り続けているのが日本のメーカーの現在の状況です。しかし，よく考えたら，これほど危ないものはない。だから，その問題を解決することに価値がある。エネルギーが欲しいときには発電するけれども，要らないときには出力を絞れるというところに，じつは価値があるのです。ところが，FIT 制度の下では，発電した電力量に対してのみお金が与えられるので，多くの人がそれに気がつくはずがありません。ブレーキ無しで発電することが一番お金が儲かるわけですから，余計な機能をつけて高いものを買って，自分で制御するような製品は開発されず，それを求める人もいないという状況です。だから，この文脈で考えると，われわれは，現在の制度などの状況に縛られず，再生可能エネルギーを持続的に導入するためにはどういう仕組み，そして世の中を作らないといけないのかを考えなければならない。それがビジョンですね。

　ビジョンがあって，そこに収束するような制度を段階的に足元から打っていくことが必要なのに，また絶対勝てるはずがないのに，安売り競争を仕掛けて，42 円という買取価格を設定しているのは，日本として自滅しているのではないか。今後，PV も，そういった機能を持ったものが求められると思います。でもまだそうなっていない。日本はそのような PV を技術的には作れて当たり前なのです。安く高い信頼性で，そして電力システム全体と協調できるような製品が作れれば，それは安売りのコストの問題ではなく，新たな価値の競争をすることができます。なぜこのような価値側に行けないのか。日本はバブルの後とっても反省して，コストダウンをしたのはよかったのだけれども，価値ダウンになっている。それでやっぱり，安く製造できるところには勝てないことになる。

FIT の評価と今後

壽福──よく分かりました。ところで，FIT は制度的な大きな弊害になって

142　　第二部

いますが，それを変えていく場合，これは吉田さんの専門ですけれども，市場での直接取引と，各家庭もそうですがとくに大手の自家消費を，FITから転換していく方向はどうなのでしょうか。

吉田――ドイツは，もう FIT をやめて，入札制度にもとづくフィード・イン・プレミアム（FIP）になっています。私もドイツの視察をして，キューセルズの工場も行ったことがあるのですけれども，結局そのキューセルズはもう見事に破産して，韓国系になったとか。これだったら，中国が作ったほうがはるかに安くなるなという手作業を，ドイツ人がやっているわけです。だから，そういう意味でもやはり大事なのは，フィードイン・タリフ（固定価格買い取り制度）は初期の導入のためにあるのであって，デンマークなどもそうですけど，これをいかに短くするかということなのです。10 年，20 年やったら長すぎた。それからもう一つは，日本の場合，私はその証拠にちゃんと論文を書きましたけれども，ドイツが 20 円のときに何で日本は 40 円なのか。そのときの委員会の委員長の知り合いに，「これは高すぎて絶対バブルになる」と申し上げたわけです。だからその通りになってしまった。せめて期間を 10 年にする必要があった。それから，外国と比べて価格を 2 倍に設定するということは，投資の対象となります。そのときによく聞かれた議論は，日本のメーカーを助けるために高く買うのだというものです。パナソニックも含めてね。だから，FIT 制度は，メーカー保護の面が最初はとても強かった。それから，20 年は長過ぎた。さらに高すぎたということがあって，その上でいろいろな不手際があったという反省・総括が必要なわけです。

それから，飯田さんがおっしゃったバイオマスの問題は，かなり深刻な問題が北海道で起きていて，結局いま木質バイオマスで発電だけやるというのがオホーツク海側で立地しています。苫小牧ももうできている。これをまともにやったら，北海道の山がはげ山になってしまう。道北のある町でもやろっとして，議会で可決されたわけです。だから，住民も不安をもっているはずです。外から輸入しなければ成り立たないようなチップを前提にしてバイオマス発電をやるというのはおかしいわけです。私どもはデンマークでも調査していますが，デンマークも石炭発電所をバイオマスに

一部変えています。コペンハーゲン。ところが，燃料はどこから来てるかといったら，バルト三国から安く買ってきているのです。再エネだからよいって喧伝していましたが。とくにバイオマス系は，そこは要注意なのです。バイオガスは家畜糞尿ですが，バイオマスは木質系チップその他を使いますから，森林としての持続可能な利用と明らかにぶつかる。そういう意味では，やはり総合的な配慮と政策と見通しがないと，再エネだからよいという話にはならない。そういう経験をしてきたから，ちゃんと総括する必要があると思う。

飯田── FIT について，荻本先生と吉田先生がおっしゃったことで若干修正したほうがいいかなという点があります。まず，壽福先生が FIT は制度的な歪みとおっしゃいましたか。いや，FIT は基本的には再エネを市場化というか，普及させるために歴史的にもっとも成功した環境政策だという共通点があるので，歪みというのは適切な表現ではないと私は思います。それから，荻本先生が抑制の話をされましたが，私はちょっと違う考えをもっています。というのは，まさに持続可能性の観点からすると，いったん出来た太陽光や風力は燃料費がタダですから，これは地熱も水力もそうですが，再エネは他のあらゆる電源よりも優先すべきなのです。それが大原則であって，もちろん荻本先生は電力調整の観点からという話ですが，でもやっぱり日本はそれよりも原発が優先され，さらに一部の石炭火力が優先され，そのうえで 3 番目に再エネが来るという現状は優先順位が明らかに違う。原発にしても，先ほど荻本先生の図では原発が調整されていなかったのですが，再エネを先に入れて，そのぶん原発の出力を下げればウランが節約できるわけだから，じつはそれはそのほうがいいわけです。燃料コストですね。ただ日本では，原発は電力会社の自前の売り上げ，再エネはよそから買ってくるもので，電力会社にとっては自前の売り上げが下がるから，どうしてもそちらが優先するという構図の利害関係があり，電力市場に関して中立ではない。抑制は，その最後の最後で必要かもしれませんけれども，そのときに日本では，無制限・無保証のままで，抑制しても保証しない。そこはきわめて大きな問題で，ドイツもデンマークも最悪の場合は抑制していますけれど，そのときには電力市場の調整のために抑

制するが，電力市場コストとしてちゃんと補償^{コンペンセーション}するわけです。それは
きわめて合理的な話です。いくら太陽光や風力を大量にいれても，抑制し
たときには抑制コストとしてちゃんと制度化して補償し，銀行もちゃんと
保証すればバックアップになるので，両方がメイクセンス（賢明なやり
方）になる。そこの話が私とは考え方がちょっと違います。

　それから，FIT は基本的には固定価格の部分と，いまの連系というか，
いわゆる優先接続，優先給電という 2 つのコンポーネントになるわけです
ね。固定価格の見直しもたしかに時期を見ては必要ですけれども，日本の
連系線はけっして優先接続になっていない。むしろ優先接続は落とされて，
オープン接続という形で再エネは後ろに回されている。連系線の負担も再
エネは全部，いまかなり過大な負担金を課せられていて，ドイツやデンマ
ークみたいなシャローの負担金になっていない。そちらの制度的な歪みを
もっと解消しなければいけないという問題が残されたまま，安易に FIT
を取り除くという議論をすべきではない。

　それから，吉田先生のおっしゃった 20 年の話ですが，20 年は投資回収
などで必要な期間だったので，これは絶対必要です。ドイツも，いったん
始まってから 20 年の発電期間という話と，制度が始まってからいつまで
やるかという 2 つの期間の話があるのですが，ドイツだって 2000 年に入
って 2015 年になるでしょう？　15 年間やっているわけです。とはいえ，
これだけ再エネが安くなってきたら，日本はもうちょっと短く，ひょっと
したら 2020 年くらいまでかもしれませんけれど，制度をどこまでやるか
という話は別の話なのです。ただし投資回収には，キャッシュフローを引
いたら分かりますが，やはり 20 年は絶対必要で，10 年で投資回収は絶対
不可能です。それから，もう 1 つはコストの話ですが，たしかに当初の予
定よりは高いという事実があります。いまの 21 円でも，ドイツの 3 倍な
わけです。まぁ，3 倍から 2 倍，2.5 倍です。では，いまのドイツのコス
トの 8 円で FIT したらどうなるかというと，普及できない。やはり，そ
こまでして妥協はだめなのです。日本はたしかに高い。安くしなければい
けないけれど，それならドイツと同じコストにすればいいかというと，ま
ったく普及しなかったら制度の意味がない。そこの調整は必要で，そこで

総括討論　145

問題となったのは高かったことではなく，当時の 2012 年の 40 円は，若干高いけれどそれでも妥当。2013 年に作る 36 円も，若干高いけれどそれでも妥当。問題なのは，2012 年とか 13 年に権利をとって，いまコストが安くなったのに 36 円となっている。ここのギャップを，本当はもうちょっと調整すればよかった。つまり，36 円で権利をとったけれど，できるのが 2 年後だったら，そのときの時価に落とすよという制度にすれば，じつはもっと合理的になったはずです。こちらのほうが本当は問題で，単純にドイツと比べて倍だからそれは非合理的だというのは，市場をちゃんと作るという視点が欠けているので，私は若干異論があるのです。

荻本——3 年ぐらい前だったら，ヨーロッパも含めていまの議論だったんですね。先ほど紹介した IEA の 2 つの本を読んでいただくと，どうもそれではうまくいかなかったとヨーロッパの普通の人は思っている。おそらく 2016 年 11 月に EC が発表したウィンター・パッケージ（Clean Energy for All Europeans — unlocking Europe's growth potential）で優先給電について述べているのも，ヨーロッパとしては事実なのだと思う。日本が優先給電をどうするかということについても，欧州のように一掃するかというのは時間の問題です。優先給電をどこで止めるかについて話をすると，アメリカの大半では，もとから優先給電はありません。彼らに言わせると，他の発電機と同様に，PV や風力にも負荷を配分している。つまり，これこれの出力を出してくださいという指示を出してもらうだけだと。このように，もとから優先給電はないという運用方法のところもあります。ですから，そのよちよち歩きの最初のときにはある一定の配慮が必要でも，だんだんしっかり育ってきたら，その育ってきたレベルに応じて，応分の負担，電力システムを安定的に運用するための義務を負っていくことが必要となる。これを一番厳しくやっているのが（場所にもよるのですけど）アメリカであり，このごろはよく気がついてみたらヨーロッパもそうだった。ただ，日本がどうしていくかは，まさにいまの問題です。

明日香——すみません，1 点だけ別の視点から。FIT をどうするかという話で，日本はなぜ再生可能エネルギーの発電コストが高いかという話がありました。これは，再生可能エネルギーによる発電と他のエネルギーによる発電

とのどっちが相対的に高いかという問題でもあります。同時に，幼少産業をどう育てるか，誰がどれだけのお金をかけて幼少産業を育成するべきかという話です。それで，ドイツの研究例ですが，原子力，化石燃料，再生可能エネルギーにどれだけの補助金がこれまで導入されたかを計算しています。その結果は，累積額で考えると，やはり圧倒的に一番大きいのは原子力です。2番目は化石燃料で，再生可能エネルギーを支援するFITは高い高いといっても，他のエネルギーに対する補助金に比べれば小さいというのがドイツでの研究結果です。おそらく日本でも，それはほぼ同じです。なので，日本でも幼少産業としてある程度のサポートは必要であるものの，おっしゃったように，細かいところでどう制度設計するかという点は難しい。ただし，再生可能エネルギーはお金がかかりすぎるという批判だけでは，過去の経緯を考慮すれば公平ではないですし，再生可能エネルギー自体が潰されることになってしまうと思います。

核エネルギーという負債

壽福——いまの明日香さんの話ですが，たとえば核エネルギーに対する隠れた補助金は，結構膨大なものになるわけですよね。福島の東京電力の場合，賠償等々含めて，現時点で21兆5千億円です。ところが，損害賠償保険を引き受ける民間の会社がないわけです。あまりにも膨大すぎて，賠償保険もかけられないという問題がある。1960年代から含めると，隠れた補助金はもう莫大な額にのぼるという意味では，本当は高いのです。原発安い安いと言っているけど，それを算入するとめちゃくちゃ高くなって，要するに市場での競争力はない。それとの関係で，質問が来ています。

　私は質問の中身をよく理解できていないのですが，日本は日米原子力協定（2018年で発効から30年を迎える。日本は世界で唯一使用済み核燃料の再処理，したがってプルトニウム抽出を認められている）を2018年に更新するにあたり，少なくともそれまでは政府として原子力を維持していく。ということはつまり，アメリカのエネルギー政策との関係，核エネルギー政策との関係で，脱原発を掲げるのは現実的に難しい。それはともか

総括討論　147

く，地球生命科学の立場から，自然科学者は，哲学をもって脱原発・省エネを訴えていくべきではないでしょうか，という意見です。ここでは，私は脱原発，核エネルギーに対する心情告白はあまり求めたくないので，どういう形で扱っていいのか迷うところですが，この問題については，みなさんずっと理論的な言及もされてきましたし運動もされてきたわけですから，一家言あると思います。差し支えない範囲で答えていただければ，この質問者の方は満足されるのではないでしょうか。

飯田——はい，まず事実関係の訂正として，日米原子力協定と，日本が原発をやめるやめないかは，基本的にまったく無関係です。民主党政権のときに若干いろいろあったのは，当初，プルサーマルというか核燃料サイクルをやめると同時に原発もやめるという案だったのですけれども，いろんな巻き返しがあって，とくに青森県と六ケ所村，さらにその後ろには日本原燃とか東電がくっついて，さらにはフランスのコジェマ，イギリスのビー・エヌ・エフ・エル（BNFL：British Nuclear Fuels Limited イギリス核燃料会社）とが組んでいる。突如，イギリスが核燃料（再処理）廃棄物を来年送るけれども，もし核燃料サイクルを止めるのだったら，六ケ所村の核廃棄物（いわゆるガラス固化体）貯蔵施設への受け入れを止めるということになり，そうすると，公海上にガラス固化体がふよふよと漂うことになると言って，民主党政権はおだされて（叱られて）しまった。じゃあ，しょうがないから原発は止めるけれども核燃料サイクルは止めないという，まったく意味不明な原子力政策にしてしまったことで，アメリカに，当時のクリントン国務長官にハバロフスクに呼ばれた。その前にもワシントンに呼ばれていますが。アメリカが気にしているのは，核拡散です。いわゆるプルトニウムの蓄積なのですね。だから，原発を止めるのは分かったけれども，プルサーマル——プルトニウムのプルとサーマル・ニュートロン・リアクター（熱中性子炉）のサーマルをつなげた和製英語（**plu**tonium **thermal** use）。プルサーマルでは MOX 燃料と呼ばれるウラン 238 とプルトニウムの混合酸化物（mixed oxide）を燃料として使用する——も止めてしまったら，プルトニウムをどうするのか？という矛盾を突きつけられた。核燃料サイクルを続けてプルサーマルというのは所詮フィクションな

148　第二部

のですが，一応，プルサーマルをやるということがプルトニウムを消費する建前になっていたので。結局そこがあやふやになって，「2030 年代原発ゼロと核燃料サイクル継続」という，歴史的な事実だけが残った。これが事実であって，あのときにきっぱり核燃料サイクルも止める，原発も止めるということであれば，日米原子力協定上何の問題もなかったということです。矢部浩次さんの『日本はなぜ，「基地」と「原発」を止められないのか』という本は，安保に関してはきわめて正確な本なのですが，日米原子力協定のせいで止められないと書かれていることは，真っ赤な嘘です。それはそれとして，原発に関してまず最優先にやることは，核燃料サイクルを即座に止めるということ。これは本当に何の意味もない。ただ無駄なコストです。高速増殖原型炉もんじゅは止めるけれども，その後にアストリッド（2030 年以降にフランスで開発予定のタンク型高速炉だが，耐震性に乏しいと言われる）という，より意味のないものをやるというわけですが。とにかくたとえ原発を維持したとしても，核燃料サイクルを止めることにより大きな経済的意味がある。ただ，原発そのものについては，やはり一つには，まさにこのサス研の前副所長でいらっしゃった舩橋晴俊先生が学術会議の時に出された，いわゆる核廃棄物の暫定貯蔵，というより総量……。

壽福——総量規制。

飯田——総量，本当は規制だったのが，総量管理と緩められた。本来は総量規制であるべきですが，総量管理の合意形成と，そして当面は暫定貯蔵。私は 50 年ではなくて 300 年くらいのオーダーで考えたいと思いますが，そこを合意して，あの原子力安全規制委員会をもうちょっと真っ当な人たちで構成して，真っ当な規制に見直して，それでクリアして，しかも保険はどこもかけられないから，もっと高い供託金を出し合って，それでも経済的に成り立つのだったら，その範囲内でやればいいと思うのですが。まぁ，それはおそらく不可能なので，事実上，今後原発を動かすことは，本来であれば無理だと思います。

　ところが，いまのように東京電力がゾンビのように生き残って，原発はつぶれても会社はつぶれないんだ，誰も責任も取らなくていいんだ，賠償

総括討論　149

金は全部電気料金から払われるんだと，こういう構造を作ってしまうと，もう底の抜けたようになってしまう。いま，勝俣さんをはじめとする東電の3人の取締役，検察審査会が起こしたいわゆる訴訟が起きてますけれども，まずはそこが責任を取る意味では非常に重要かなと思います。

藤野——自分の意見についてですが，みなさんの意見を聞きながらウェブでチラチラ見ていたら，アイセップ（ISEP: Institute for Sustainable Energy Policies 環境エネルギー政策研究所）の古屋将太さんと山下紀明さんがミランダ・シュラーズさんに，2013年くらいのときにインタビューしているのを見つけました。そのときは，まさにエネルギー環境会議で原子力の3つの選択肢を示して，国民的議論をするという段階にあった。

飯田—— 2012年。

藤野—— 2012年ですね。そのあとにインタビューしたのだと思います。エネルギー環境会議で，とくに原子力を3つの選択肢（ゼロシナリオ，15シナリオ，20〜25シナリオとか）に分けて考えていた。論点として，次の4つによく気をつけて，議論やコメントをくださいと言っていたのですね。会議体や政府が言っていたのは，1つ目は原子力の安全確保，2番目がエネルギー安全保障の強化。3つ目が温暖化問題，4つ目がコスト抑制。この4点をよくよく勘案しながら，3つの選択肢で考えていたのですけど，そのときにミランダさん——ドイツの原子力の倫理委員会に出ていた方で，日本語も上手なのですが——が言ったのは，私だったら次の4つにする，と。1つ目は人間の健康，2つ目が環境，たぶん持続可能性も含めての環境ですが。3つ目が次世代，4つ目が福島の被害者。この4つを勘案しながら，自分ならば選択肢を選ぶということを言っていた。自分もずっと，エネルギーの選択肢をめぐる議論にも関わっていたのですけど，あまりにもコストだとか制度だとか技術の観点の話につねに偏ってしまっていて，そもそも，先ほども幸福度の話が出ていましたが，その論点からずれている，というより避けている。それが，原子力やエネルギーの問題に対する一般の人の関心を失わせていることなのかなと思います。自分がどうこうというよりも，今日はこれをちょっとご紹介できたらと思いました。

壽福——ありがとうございました。吉田さんはシュラーズさんと共同研究を一

緒にやっているから，ちょっと付け足すことがあれば。

吉田——ミランダさんと一緒に，さっきの倫理委員会の報告を翻訳して，注もつけました。3・11前後はちょうどベルリンにいて，12日か13日だったと思うのですが，私は日本に帰ってきたのです。そのあとどうすべきかというので，比較研究をやろうという話になった。マルティン・エーリッケとミランダさん，私と私の家内がミランダさんの家に行って，その議論をしたのをいま思い出しました。彼女はそういう視点を以前からずっと強調されていて，実際にかなり早く福島にも行かれたし，それから北海道大学のいろんな講座にも，泊原発にも一緒に行って，その前でいろいろ議論しました。だから，関心は非常に高いし，やはり彼女の言うことはかなりその通りで，かつ，やはりさすがにドイツのすごいのは，17人の科学者のなかにアメリカ国籍の政治学の人（ミランダ・シュラーズ）を入れたということです。そういう人選はメルケル氏がしたのもドイツらしいところですね。内部でかなりいろんな議論があったわけです。もう1つは，ドイツの宗教界もそうで，ラインハルト・マルクスという人が『ダス・カピタル』という本を書いている。『資本論』を書いているのです。それに「カール・マルクスへの手紙」というのも入っていて，それくらいの知的レベルの高さがある。そういう宗教界の人も，政治学者も，国籍が違う人も入って議論するというのは，日本ではできていない。だからそういうところは大いに学ぶべき点です。しかも2ヶ月で，短い間にバーッとやったわけです。日本は1年経っても制度報告書は出ないし，このあたりが日本としては大いなる反省点と思います。

槌屋——科学者が哲学的な観点から脱原発を，というのは，非常に難しい問題です。そういう問題を聞かれた場合，私が思い浮かべるのは，理工系の学部を選択してどういう学科に行こうか決めて，たとえば原子物理学とか原子力へ行きますが，そこに問題があることを見つけても，そこから逃げ出せないというか脱出できない。見事に脱出したのは飯田さんですけどね。なかなかそういうことができないのです。たとえば，プリンストン大学で核融合を研究していたのが，あるときから水素エネルギーに進んだ人を知っています。スウェーデンで原子物理学を研究して核廃棄物のことに気づ

いて，ソーラー・スウェーデンというシナリオを描いた人とか，そういう人に会いましたけれども，そういうふうに切り替えることが日本では非常に難しい。5年も10年もそこの世界にいると脱出できなくなって，そこの考え方だけになります。そういう人たちにたくさん出会うと，まともに議論もできないし，それを変えろというわけにもいかないし，という状態に陥ります。これがなんとかならないかといつも思います。社会がどんどん変化していって，よくないことと分かってくるのに，社会全体が古いものをいつまでも維持しようとするところから来ている。物理学者で有名な伏見康治さん（日本学術会議の元議長）に「原子力をやるときに廃棄物が出るということは考えましたか？」と聞いたら，「そんなこと一つも考えなかった」という答えがあったそうです。社会が変わっていくとき，物事を変えられるような社会にしていかないといけない。

　もう一つ，たとえばかつてヨットで太平洋を横断したヨットマンの本を読むと，太平洋の真ん中で，缶詰を食べたらね，缶詰の缶をぽんと捨てれば，そこに大きな海が広がっていて，ちっともごみのことなんか構わない。何でもかんでもポイって捨てるってことを書いています。当時はそれが普通だった。いまはそんなことを許さない社会に変わってきています。社会が変わってきたことを，自分の仕事のなかで考えるようにしたいといつも思います。

明日香——少し天の邪鬼的な話かもしれないのですが，そういう「哲学的あるいは倫理的な話で原発について語らなきゃいけない，語るべきだ」ということ自体が，いわゆる原発を推進する人の術中にはまっているのではと思います。たとえば，2012年の4月に仙石由人という当時の民主党政調会長が，「原発を止めるっていうのは集団自殺だ」と言いました。これは経済的な意味で言ったと思います。原理的に倫理的な話とか哲学的な話とか，次世代が大事とか立派なことを言っても，多くの人は実際には，明日の仕事とか，今日もらえる給料とか，さっき言ったように，子供の学費をどうしようかというようなことしか考えられないんですね。多くの人が「原発は安い」「原発はないほうがいいのだろうけれど，経済や雇用を考えると使わざるをえない」と考えていて，仙石さんもそう思っていたから，先ほ

どのような発言があった。原発は経済的に安いと決めつけている。でも，現実はそうではなくて原発は高い。なので，電気は何で作っても同じなので，そういう哲学的な倫理的な話ではなく，単純に原発は高い，次世代のためとか関係なく，ただただ高いから要らないということをもっともっと多くの方が理解する必要がある。どうしても哲学的・倫理的な側面から原発の不要性を説くだけでは，結局，建前ではかっこいいことを言うけれど，本音ではやっぱり安いほうがいいということになる。原発が再稼動しないと，電気代がどんどん高くなるだけだと。それをみんな信じてしまっているのです。なので，最初の話に戻りますと，そういう倫理的な話をあまり持ち込まないほうが僕は逆にいいのかなと思います。仙谷さんのあの時点での発言は，周りにいる多くの人が原発は安いと主張していたことを考えれば，わからないでもないですが，再生可能エネルギーが現実として非常に安くなっているいまは，状況があの頃とかなり変化しています。

荻本──私が思うのは，自分の研究分野の考え方からの延長線で言うと，止めたければ止められる計画を立てるべきだと思うわけです。将来のなんの保証もなく原子力をただ止めたほうがいいという議論がずっと続いているのは，ちょっと残念かなと。間違いないことは，いまフィードイン・タリフ制度で国民は年間2兆円を再エネを設置した一部の事業者あるいは個人に払っています。原子力を止めたことで，燃料費の増分として年間3兆円払っている。それはそれでいいのですけれども，年間5兆円あったら何ができたかとか，毎年5兆円を払うことを10年間遅らせて，それまでに何かを実現すれば次のよりよい世代に渡せるのではないかとか，どうしてみなそのように考えないのかな，というのが疑問です。

　別な話になりますが，石炭火力を止めろという話もあります。あるのですけれども，2050年までに温室効果ガスの排出量をある程度以上低減することを考えると，天然ガスでもダメなのです。それなのに，なぜ天然ガスならよくて，石炭がいりないのか，これも不思議。だから，さっき申し上げたように，いきなり2050年を語るのは不毛だという気はしますが，そこにどういう世界を自分たちが求めるのかということを考えたうえで，足元からどう変わってゆくのかを考えるべきなのに，それをすべて放棄し

てしまって，個人的な好みや気合だけで議論している。これではほとんど何も変わらないし，どこにも行きつかないのではないか。

　もう一つ申し上げたいのは，最初に言い忘れた話なのですが，「60代以上の人はもう……」という話をしました。でも，60代以上の人が言えるとても大事なことは，「どのように考えると分があるかもしれないよ」という，考え方の方法論を伝えることだと思います。60代以上の人として，結論を言うのは自分自身はやめようと思っているとしても，「どういうふうに考えたら実のある結果が出るか」についてはお伝えしなければならない。そこができていないと思う。どこまで行っても好みや気合の世界。だから，もう一回元に戻りますと，原子力を止めたいということであれば，じゃあそれをどのように実現するのか，議論して積み上げていく。いまはそういう時期ではないか。

吉田——おっしゃる通りで，私がドイツの議論をなぜ参照しているかというと，賛成するかどうかは別にしても，論理があるという点ですね。福島であれだけの事故があったので，世論調査しても，学生といろいろ議論しても，反発はかなり強い。6割・7割が反発する。それは当然なのですけど，問題は，じゃあなぜ脱原発をすべきなのかというとき，その論理がはっきりしないところにあるわけです。だから，ドイツの議論にすべて賛成しないとしても，論理と倫理をつめる議論はすべきだというのが私の意見で，それを伝えることはできると思う。あの事故の正確な事実関係と，政府の報告書や国会事故調の報告書が出て，あるいは吉田昌郎所長の聞き取りが出て，かなりの程度分かっている部分もあるけれど，分からないところもあるわけです。事故の解明と，原子力そのものについての論理的というより倫理的な検討は，日本のなかでまだ充分ではない。そこはきっちりすべきです。

　それから，ドイツでもまさにそうだったわけですが，原発を保有して運転している側から見ると，資産だと思って「稼働させるぞ」という動きになる。稼働停止に反対する裁判も電力会社が起こしたけど，みんな負けてしまった。経営してる立場から見ると，資産が負債になるのは困ってしまうわけです。そうすると，経済的な利害で言えば，銀行も電力会社も絶対

に反対側に動く。そういう利害関係を含めて，どういう提案をすればいいのかを考えなければいけない。非常に難しい政治的・社会的な見通しを立てないといけない。日本が放棄してはならない，難しい課題です。

熱エネルギー政策をめぐって

壽福——ありがとうございました。このまま議論を続けたいのですが，じつはまだ質問があります。かなり重要な質問ですが，「熱エネルギーに対する政策が弱いのではないか，政策面での有効な熱エネルギー対策を教えていただけないか」というものです。私自身は詳しくないのですが，熱エネルギーは電力，それから交通燃料と比較すると，絶対的な量としては大きいわけです。先ほどから，断熱化とかゼロ・エネルギー・ハウスとかゼロ・エネルギー・ビルディングとか個々の話は出ていますが，そういう点も踏まえて，総合的な熱エネルギー対策をどう進めていくかについて議論したほうがいいでしょう。

飯田——熱エネルギー政策が「弱い」というよりも，「そもそもなかった」というのが私の議論です。日本の政策は，どの分野もそうなのですが，トップダウンというか「上から目線」で作られていて，ユーザー目線で作られていない。ほんの10年前まで，エネルギーの専門家にとっての熱というのは，産業界の熱需要ぐらいしか頭になくて，じつは家庭の暖房・給湯がかなり大きな熱需要なのだということは完全にそこから落ちてしまっていた。「みなさん，電気か石油ストーブかガスかで適当にやってください」というような世界です。しかも，そこに規制緩和と，業界の垣根を越えてのとくに電力ガス戦争でバタバタしていたので，エネルギー暖房ガラクタみたいなものが日本にははびこっている，というのが実態かな。とくに札幌とか北海道に行くと，巨大な石油タンクが家の前にあるのですが，あれは家計にも地域の経済にも非常に無駄なものです。そういうことを，やはりユーザー目線でしっかり組み立てていくのがまずは重要です。ようやく国のほうも，ゼッチ ZEH と呼ばれるゼロ・エネルギー住宅でもって，唯一非常に緩かった断熱規制も，これまでは規制ではなかったのがようやく

総括討論　　155

これから規制になっていくところがありますが，まだまだ日暮れて道遠しというか。既存の住宅の断熱構造化も重要ですけれども，果たしてこれをどう進めていくのか。他方で，膨大なる空き室が出ていて，とりわけ賃貸住宅のレベル，クオリティの低さは本当に目を覆うばかりですし，不動産も完全に投機資産的なものになっている。そのなかでどうクオリティ・コントロールをしていくのか，課題は大きいですが，やらざるをえない。

　それと，住宅の性能がこれから上がっていくという意味では，それこそゼロ・エネルギー・ハウス，無暖房住宅クラス，パッシブ・ハウス・クラスが広がっていけば，いわゆる地域熱供給の需要そのものも下がっていくのかもしれません。他方では，先ほどのコージェネをきちんと活用していく，電気と熱のスマート化のなかで地域熱供給の果たす役割は大きいということについて，最近デンマークや北欧の取り組みを見て，あらためて考えを新たにしました。EU の熱ロード・マップでも，コージェネというか地域熱供給があらためてフォーカスされていますし，しかも「日本は暖かいから熱はいらない」という俗論がまかり通っていましたが，決してそうではない。EU のレポートで，イタリアとかスペインでも熱供給が充分に成立するという形で進んでいて，いま，国連ユネップ（UNEP 国連環境計画）でも，メキシコとかいろんな途上国の地域熱供給を入れに行こうという流れになっている。日本の地域熱供給は，縦に伸びたビルのビル内地域熱供給が，あれはあれで発達しているんですけども，面的な熱供給はきわめて少ない。と同時に，北海道だけを例に挙げて申し訳ないのですが，技術が全然アップデートされていないので，成熟した技術をきちんと丹念に使う，より洗練させて習熟して使うということがなかなか広がりを見せていないところも大きな課題です。バイオマスのボイラーしかり，配管の設計の熱の最適化とか，熱交換器とかは日本ではほとんど製品としてなかったりするので，そういったシンプルだけど洗練された技術を普及させていくというような，地味だけれども重要な仕事領域がある。そのあたりを，これから丹念にアップデートしていく必要があります。

藤野──エネルギーの最終形は熱なので，熱の形で使えるものがあれば，それは有効活用すべきですね。バイオマスの活用も，電気を作るよりは熱を作

るほうが，需要がちゃんと賄えれば効率的です。けれども，全体を考えないうちに日本でバイオマス熱利用をやろうとすると，ヨーロッパなり諸外国のメーカーの機器を入れざるをえなくなる。技術がいったん廃れてしまったような形になっている。適材適所ではないですが，その地域で使える熱についてはその視点から作り直すということ。ヒートカスケーディング（熱エネルギーの漸次的多段階使用）等を含めてですね。あとは都市計画。エネルギーの分野と都市計画を，いま関心をもってつなげようとされている方は増えてはいますが，残念ながらそれぞれの規制の制約とか，専門性が行き渡っていない状況がある。

槌屋——熱需要は，電力需要よりも大きく，とても重要です。まず，熱需要を減らす技術がたくさんある。断熱から始まって，段階的な温度に応じた利用方法があります。今日のシナリオのなかでは，私は熱に関する供給源のことはあまり時間がなくて話せなかったのですが，いま普及し始めている自然エネルギー技術は，太陽光にしても風力にしても，ほとんどが発電技術です。熱を直接供給しようとする技術は，バイオマスか太陽熱になります。太陽熱は，スペイン，インド，中国では大量に普及しましたが，日本はそうなりませんでした。80年ごろから普及し始めて，90年代にある会社がむちゃくちゃな売り方をしたために，太陽熱のマーケットが崩壊してしまった。そして，これを製造するメーカーがなくなってしまいました。太陽熱温水器を買おうとして電話をしても返事がなくて，どんどん減ってほとんどなくなっていく状態と思われます。代わりに，屋根の上には太陽光発電パネルが乗ってきている。昔は太陽熱パネルと太陽光パネルとでどのくらいの割合ずつ設置したらいいかという面白い技術的な問題が議論されました。太陽熱パネルの設置面積はそんなに大きくありません。2050年のシナリオでも太陽熱がこのくらいと規模を設定したのですが，なかなか難しそうな感じを抱いています。それからバイオマスも，日本ではどのくらい使えるかというポテンシャル調査が見つかりません。今日お話ししたなかで，太陽光とか風力は公式のポテンシャル調査結果が出ています。しかしバイオマスがどのくらい日本で使えるかの見通しについては，農林水産省の調査では自動車燃料1800万台分という数値があります。私から

総括討論　　157

すると少なすぎるので，もう少し何とかしたいと考えています。

　実際にはエネルギー作物という形で，森林とかサトウキビとかいろんなものを作る可能性，それから海洋バイオマスの海藻類が考えられますが，果たしてどれくらい利用可能かは未知です。そこで，日本でかつてバイオマスが最大どれくらい使われていたことがあるかを調べてみました。昭和15年に石油換算で約600万トンの薪炭が使われていたというデータがあります。ちょうど太平洋戦争に突入しようとする頃なので，たぶん，石油が少なくなって，無理やり使おうとして増えたのかもしれないですが。そういう時期がありまして，商業的に使われた量がデータとして統計に載っている。開発途上国のエネルギー分析について国連のワークショップに参加したときのことですが，バイオマスはノンコマーシャル・エナジーと呼ばれていて，要するに統計データがないのが普通です。日本でも昭和15年はたぶんそんな状態ではなかったかと思います。何を言おうとしているかというと，600万トン使われたという統計データはあるのですが，実際にはその2～3倍は使っていたのではないか，ということです。農家が畑からもってきた藁とか，裏山からとってきた枯れ木とか。商業的な取引を

全然介さずにかなりのバイオマスを使っていた時期があると私は考えています。ということで，かなりの量を実際に日本でも使えるのではないかと想定してシナリオを書きました。ただし，太陽熱とバイオマスを両方合計しても，日本の熱需要を賄えるとは考えられませんので，太陽光発電と風力発電を，電力需要よりも多く，ブリッジシナリオでは130％発電する，それから自然エネルギー100％シナリオでは，160％発電するとしました。大量に発電すると，電力の不足が生じる問題は非常に小さくできますが，余剰が発生します。これを使って自動車用の燃料やヒートポンプで低温の熱を供給する，一部は水素にして産業用の高温の熱を供給する。できることなら，製鉄の還元もやりたいということを考えてみました。やれるかどうかは分かりませんが，たぶん200年か300年後には，自然エネルギーで発電した電力で水素を作って金属類を還元しているようになると私は思っています。2050年にそういうことができるかどうか分かりませんが，ドイツではある鉄鋼メーカーが水を電気分解する装置を買って，高炉に水素を吹き込む計画をしていると聞きました。それからMIT（マサチューセッツ工科大学）では水を電気分解した水素を使うか，あるいは鉄を直接電気分解する技術の研究開発が始まったとも聞いております。高温の熱は電気で直接加熱ということになるかもしれません。いろいろな可能性が考えられます。太陽光パネルの代わりに，太陽の光を受けて温度が上がると発電する熱電素子技術がMITで研究されています。これは黒い板です。この黒い板が太陽の光を受けると，電気と熱と両方取り出せるというわけです。そういうところにイノベーションがあると思っています。

壽福——パワー・トゥー・ガスは非常に重要な領域かと思いますが，水分解でいう水素生産，その水素を利用するというのは，結局，工場のいわゆるプロセス熱のようなレベルでもカバーできることですね。

槌屋——ええ，高温の熱需要に対しては，水素を燃やす方法と，電気で直接加熱するという2種類の方法があります。

荻本——いま，槌屋先生やほかの方が言われたことに尽きると思います。付け加えることは，2050年に求められる姿を考えるとすると，家庭ではもう化石燃料は使えないのですね，普通の業務用ビルや建物でも，もう化石燃

料は使えない。そうなったとき，家庭は電気を使うしかない。業務用ビルなどの熱をたくさん使うところは，もしかしたら水素を使っているかもしれないけれども，なかなか難しいところで，うーむ，来ているかな……という感じなのですね。産業では，100度以下はヒートポンプ給湯でやるし，100度から200度は，ヒートポンプ給湯に必要に応じて追い炊き，または別の熱の技術があるので，それを使っていく。200度から300度は足元はコージェネが有利ですが，将来は水素がどれだけ使えるようになっているかがよく分からない。使えなければ，もう電気を投入するしかない。水素でもいいのですが，電気でもいいや，ということで。さっき言われたような素材，鉄鋼とかセメントなどがどうなるかは，いろんな可能性は議論されているけれども，ものになるかどうかは分からない。2050年だから，なると思えばなるのかなという感じです。たくさん CO_2 の排出を削減しなくてはいけないというと，もう打つ手がほとんどない状態になりますから，答えはとても単純なんです。電力システムの需給調整の問題も，充電や水素を製造するシステムの運転を制御するだけでいくらでも調整できるようになっていて，とても簡単。問題はやはり，むしろ2030年から40年をどう通り抜けるのかというところにあって，それは2050年を見通した上でないとやはり考えにくい。そのために2050年を考える必要があることになる。

　熱需要については，ハワイも中国も，屋根の上に温水器をいっぱい乗せていて，槌屋先生が言われたような種類の設備を日本の家庭に導入する場合，6～8平方メートルあればいいということなのですけれども，より魅力的なPVに関するフィードイン・タリフ制度があると誰も温水器を設置しない。そういう状態だと思います。

壽福——太陽熱利用がなぜ日本で進まないのか，とても不思議です。朝日ソーラー事件というのがありましたけれど，あれはそんなに市場崩壊に導くほど決定的だったのですか。

槌屋——あれは決定的です。

飯田——それに付け足すと，実際に普及を担ったのは農協さんなのです。農協のビジネスモデルとしてはそれで終わったのですが，たぶんドイツやオー

ストラリアで伸びている太陽熱温水器は，もうちょっときちんと家の温熱システムのなかに統合されているのです。もともと向こうはセントラルヒーティングだし，そこに太陽熱，いわゆる日本でいうところのソーラーシステムが入る。日本でいう太陽熱温水器は，屋根にちょこんと乗っけて，そこからお風呂場くらいにちょこっと出てきて，最初は熱すぎてしょうがないけど後は冷たくなるというもので，私はちょっと皮肉も混ぜて「途上国型」と言っているのですけれども，この先進国でなぜあんな途上国型を普及させるのかと思う。もうヨーロッパなどでは，まぁイスラエルは若干途上国扱いしなければいけないけれど，基本的には温熱タンクのなかに入れてきちんとコントロールされて，水質も水温も制御されたものが出てくるシステム。だから，朝日ソーラーとか農協さんが押し売りで売れるほど簡単なものではなくて，きちんと住宅に統合されていますし，住宅の美観も損なわずに綺麗に統合されている。日本はとってつけたような途上国型です。さらにここから先を言うと――でもこれはかなり確からしい話なのですが――あの太陽熱温水器をつける住宅は押し売りに騙されやすいといって，その後住宅詐欺が行くという話もあるほどなんですね。だから，太陽熱はいいねというのは素朴な話で，本当はいまそんな不便なものを誰も使いたくないでしょう。だから，やはりきちんと住宅の温熱システムのなかに統合する。でも日本は暖房が家のなかではバラバラです。ゼロエネルギー住宅だったら，もう暖房がいらないからいいのですが，「暖房はコタツか石油ストーブだね」みたいなバラバラの暖房・温熱環境から見直していかないと。結局，日本はまだ住宅のなかに微妙に昭和が残っていてですね，まだ全然21世紀になっていない部分がある。さすがに東京は違うかもしれませんが，地方に行くともう本当にそれがはびこっていて，そういったところからのアップデートが必要です。エネルギー環境が悪すぎる。

壽福――飯田さんがおっしゃったことは本当です。私，太陽熱500リットルのタンクをつけているのですが，そのあと「家がシロアリに食われてる」という業者が来ましてね。

飯田――来ました，やっぱり。

壽福――つい契約してしまったですね。シロアリは怖い。

飯田——有名な話ですよ。

壽福——だから，ばかばかしくなって（笑）。ちょっと考えものかもしれません。それは冗談ですけれど。

明日香——私はあまり熱には詳しくはないのですが，みなさんがおっしゃっていることは確かだと思います。よく聞くのは，低温のカスケードというのでしょうか，たとえば必要じゃないのに高い温度の水を使っていて，非常に無駄があると。低温だったら低温のために使う，高温だったら高温のために使うと，そのようなシステムをどう作るかが重要だと思います。飯田さんがよく言う，チェーンソーでアイスクリームを切るでしたっけ？

飯田——バター。

明日香——バターがまだ日本のいろんなところにあるのだとは思います。

壽福——結局，熱エネルギーの問題は，これは槌屋先生が最初から指摘されていますし，バリー・コモナーなども最初から言っていることですが，結局，100度以下でね，低温のところに高い熱源を使っているわけです。たとえば核電は，2400℃以上の熱水を作り，400℃まで冷却し，残りは熱排水として捨ててしまう。だから，このシステムを変えないと，熱エネルギーの問題は根本的に変えることができない。そこをどう解決するのかという点がカギを握っている。

吉田——北海道にずっと住んでいると，半年は冬ですし，1年のもう70%くらいは暖房が必要なのですね。ドイツやデンマークの話でよく分かるのは，言ってみれば風土が似ていて，彼らには熱が必要であって，なによりもそこで CO_2 が出てるということがよく分かるわけです。参考のために，熱分野でドイツはどう考えているかというと，経済相が『2030年の電気』（*Electricity 2030*）という報告書を出しています。彼らがどんなプランを考えているかというと，直接石油を燃やすという話はもうやめて，やはりヒートポンプの利用，電気ボイラー，ガス利用，いわゆるパワー・トゥー・ガスです。風力発電などによって水の電気分解で水素を作って，それを使う。そして2番目には，交通分野での電気自動車，バッテリーからの直接電気利用，水素からの電気自動車，燃料電池による利用を，一応目標を掲げてめざすと。実際にはまだそんなに進んでいないと思う。理念的に

はこういう方向でやろうとしている，というのが参考にはなると思います。
彼ら自身がまだ弱いところですけど，パワー・トゥー・ガスは，風力発電
の電力が余ったときに，電気分解して，水素を水素のままではなくメタン
化して，ガス管に入れて混ぜる。5％まで混ぜるのです。これはデンマー
クでも一部実験をしていて，まだ完成した技術ではないですが，そういう
方向性をどうも考えている。生活の質や快適さを考えると，やはり暖房は
非常に重要です。日本はまだまだこの点では遅れている。それとドイツの
場合に一番問題なのは，新設には厳しい基準があるのですけど，古くから
の設備のリノベーションを住民の責任でやると，レンタル料にどうやって
上乗せするかというのが論争になって，もめてきているところです。

壽福——コンストラクティング（家主・借家人の契約による断熱化政策）はど
ういう具合なんですか。

吉田——いくつかのパターンがあるらしいです。燃料代を入れて契約する場合
と入れない場合とでどうするかとか。いずれにしても，古い設備のリノベ
ーションをどうするかというのが大きい。先ほどから話に出ている自家消
費型にしてですね，天井にパネルを置いて，それでできるだけ賄って，外
とは接続しないで完結するような家もモデルとしては売られているわけで
す。だからそのあたりで，ドイツの場合にはいくつかの可能性というかパ
ターンがありますね。参考になるかどうかは分からないけれども。

温暖化問題と CCS

壽福——申し訳ありません。ここで，吉田先生と荻本先生には次の予定が入っ
ておりまして，中座されます。ご理解お願いいたします。

　そして，次の質問に移ります。二酸化炭素の排出について，それをどう
やって吸収するかという問題です。つまり，森林面積の問題とか，海洋に
よる CO_2 の吸収。たとえば一番わかりやすいのは，みなさんご存じかと
思いますけれども，サンゴ礁やプランクトンによる海洋の CO_2 吸収能力
はかなり落ちていて，これが大問題になっている。だから，税を支払うよ
うな制度的な枠組みが必要ではないかと。つまり，森林を保全する，ある

総括討論　　163

いは植林する，それから海洋の能力をどのように高めるかということですね。質問には浅瀬の破壊を抑制すると書いてありますが。

明日香——さっき拝見したんですけれど，質問にはCO_2の取引についての話が書いてありましたので，少し誤解があるかもしれません。最初のCO_2というのは，いわゆる排出量取引制度とか，そういう問題ではないでしょうか。

　ご質問は，「CO_2排出量取引という制度はよくない」という意味合いでおっしゃっていたと思いますが，その取引の対象として，CO_2の吸収量も入っています。つまり，排出量取引制度は，森林のようなCO_2吸収源をサポートするような制度にもなっています。なので，排出量取引制度が良い悪いという話と，吸収源の話とはちょっと違うのかなと思います。

　また，海洋のCO_2吸収という話も少し違うかなと思います。逆に，海に鉄とかを投げ入れて，それでCO_2を吸収するという技術はあります。ただ，研究は進められていたものの，あまりうまくいっていないのが現状です。サンゴ礁はCO_2による海水の酸性化というよりも温度が高くなるので生きていけなくなるということかと思います。もちろん森林のような吸収源をもっと拡大するのは大事だとは思うものの，日本の森林面積はそれなりに大きいので，少なくとも日本では，これ以上植林面積を大幅に増やすということではない。もちろん，世界全体の話はまた違います。ただ，よくブラジルの森林の話が出てきますが，ブラジルは自分の国の森林をどうするかは自分の国で決めたいという理由で，他の国がブラジルの温暖化対策としての森林政策をどうこう言うのを嫌うというようなこともあります。

藤野——2100年までに2度目標だとか，さらには1.5度目標をめざす，世界の排出量をゼロとかマイナスにしていく必要はある。1.5度目標だと，それが2060〜70年くらいに早まるという分析も出てきていて，そういう意味では，できるかぎり80％削減とか，まず自らの排出量を減らすことが大事です。一度大気に出したCO_2を吸収して固定するという意味では，森林や海洋の能力を高めることもある。もっとも，海洋もCO_2の濃度が少しずつ高くなると吸収量が下がるとも言われていますけれど。ただ他方

で，森林も海洋も人の手が入って汚れてしまうというか，汚染されてしまってその能力を落とすこともある。そのあたりをケアしたほうがいいのではないかというご趣旨のコメントと，勝手に理解しました。日本では森林涵養税のようなものを地域でやっているところもありますし，いくつかのベネフィットを地域なりに返していく取り組みはできるかもしれません。

壽福——それに関連してみなさんのご意見を伺いたいのは，一つは，二酸化炭素の回収・貯留，CCS（Carbon dioxide Capture and Storage）の評価です。私はちょっと懐疑的なものですから。ただ，これがいろいろなところで議論され，かなり大きな問題となっている。それからもう一つは，それとは逆に，二酸化炭素を原材料として活用する方法，つまり排出された CO_2 を回収して，それを新たな製品の原材料として使うという研究も進んでいるみたいです。そのあたりの活用はどうなんでしょうか？

藤野——CO_2 の炭素隔離・貯留をするにしても，エネルギー・ペナルティと言われていて，CO_2 はそもそも分散している。もちろん石炭火力のような産業から出るときには，ある程度まとまっているので回収しやすいのですが，それでもたとえば発電所だと，余計に 20〜30％前後のエネルギーを使って，CO_2 を吸収固定して海に埋めたり地中に埋めたりということがある。行為としては，本当にゴミ捨てと変わらない。ただ，ここには大きなジレンマがあって，この 2 度目標，さらには 1.5 度目標を本当に深刻に考えた場合には，世界全体で見ると CCS をやらざるをえなくなっている。そのとき，荻本さんの原子力を止めたあとの代替策は何なのかという話もありましたけれど，将来たぶん大丈夫だからやらなくてもいいと判断するのか，あるいは代替案として CCS をもっておくかというところは，気候変動問題を真面目に考えれば考えるほどジレンマに陥るのかなと思います。

壽福——コスト面を考える必要はないですか，CCS は。

藤野——もちろん，考える必要があります。

壽福——つまり，非常に高いではないですか。

藤野——そこが問題。再生可能エネルギーの値段がいま下がっているので何なのですけど，一つの方策としては，石炭火力に CCS を入れるという話ですね。

飯田―― CCS はこれまでの気候変動のモデリングのなかでは必ずセットでよく出てくるのですが，いわゆるトップダウン的な物事の見方をする政策担当者とか研究者にくっついてきて，結局，技術の普及のリアリティが結果としてはないのかなと。でも，いま現実に起きている変化はそうではなくて，指数関数的分散テクノロジーの普及というリアリティがあるわけですね。その技術の道のりがはっきりと見えているなかでは，なんといいますか，明後日の技術というか，お呼びじゃない技術にもうなっていて，そういう位置づけになりつつある。CO_2 の利用に関しては，私はそこをあまり専門的につめてはいないのですが，ひょっとすると，水素転換によるメタノール化は昔からやられているので，再エネがどんどん入って，パワー・トゥー・ガスで水素が余ってくるような事態のときには，その可能性はあるのかもしれない。でも，もともとエネルギー全体を再エネに転換してしまえば，もう CO_2 の再利用そのものもバイオマスを利用したときくらいに限られてくるので，結局過渡的な技術になってくるのかなという気がします。

壽福――シナリオはそうではあると思いますが，ただ，もうすでに排出され済みの CO_2 の蓄積という問題がある。これをどうするかを考えないとまずいわけですよね。そのときには，先ほどから言われているような吸収の議論が重要になってくると私は思います。

明日香―― CCS が高いか安いかには，いろいろ議論があります。IPCC（気候変動に関する政府間パネル）の第 5 次評価報告書という一番最近の評価報告書には，よく引用される 2 度目標達成に関するグラフがあります。それは，再生可能エネルギー，原子力，CCS がそれぞれあった場合となかった場合の，2 度目標達成のコスト上昇の大きさの変化がグラフで示されています。そのグラフでは，原子力や再生可能エネルギーがあってもなくても，コストはそれほど大きくは変わりません。変わってもせいぜい 2 倍です。でも CCS がないのとあるのとでは，5 倍とか 10 倍くらい違います。もちろん，IPCC 第 5 次評価報告書の数字は数年前の研究や数値なので，最新のコストでも同じなのかという問題があって，再計算したらまた違うと思います。いずれにせよ，IPCC 第 5 次評価報告書の大きなメッセージ

というのは，CCSがないと2度目標達成はかなり難しいということだったと私は思います。ですが，さっき言ったように，再計算するとまたかなり変わってくる。また，日本と他の国では全然違っていて，日本では，先ほどご紹介した私たちのジャストという研究者グループによる研究，また槌屋先生のご研究でも，CCSがなくてもかなりのCO_2排出削減が実現できて，かつ再生可能エネルギー100%になって，その上に経済成長も可能というシナリオを書いています。なので，国によっていろいろと違う。

壽福——国による違いは，とくに技術的な面であるかもしれないし，コストの面でもあるのですけど，ただ2度目標とか1.5度努力目標というのは，ある意味で国境を超えているわけですよね。だから，個々の国がどう対応するかということはありますが，統合していく方向に進めていかないとやはり効果がないわけです。

明日香——これから少なくとも100年か200年は，世界政府が作られることはなく，各国がそれぞれの主権に基づいて勝手に動くと思うので，現実的に統合することは無理なのかなと思います。あとCCSは，本当に必要なことから目をそらすという効果があるのが問題です。すなわち，化石燃料を使い続けてもいいのではないかと思わせてしまうという意味です。ゴミをたくさん出しても焼却場を作ればいいのだと思うのと同じことです。わざと目をそらせたい人たちがいるとも思えます。

壽福——それは確かに，大変重要な視点ですね。

槌屋——いや，もうまったく明日香さんがおっしゃる通りで，CCSはやらないほうがいい。

CCSをやるくらいならバイオマスをもっと拡大して，空気中のCO_2も吸収する。CCSだと吸収してゴミ箱に捨てたつもりでも，そこに貯まっているわけだから，地震でまた漏れ出すかもしれないし，要するに処理したことにならないわけです。だからなぜこんなことを考えるのかというくらいお粗末なことなので，もうまったくやらないほうがいいと思います。

壽福——ドイツなどのシナリオ分析のときは，必ずCCS付き・CCSなしという，おそらくA，Bで出してくる。だから，僕はあれが無意味だとは言わないけど，おっしゃったように，あまりCCSを高く評価していませんが，

なぜあんなに出てくるのかがよく分からない。

槌屋——地下を掘りたい人がいるからです。掘る技術をもっている人たちが，自分らの仕事がなくなると思っていたときに，CCS という案が出てきて，それだ！って飛びついている現象です。ある専門家になると，その専門から抜け出せない。そういうことが起きているようにしか私には見えない。

藤野——昔モデルをやっていた立場でもあるので言いますと，最後にゼロにするとかマイナスにするという条件がついてしまうと，やはり，再エネと原子力だけではたどり着かない。というより，たどり着くのに難しさがあるというのですかね。最後のいわゆる CCS とかバック・ストップ・テクノロジーとかの区分になるかもしれませんが，モデルを作るときに，名前もわからないようなテクノロジーを想定しながらエネルギー供給をするとか CO_2 を減らすとかといったものが最後に CCS という名前に変わってきたかなと思うのです。そうしないと答えが出ないところもあって，CCS の要素が入ってきたのかなと。

　他方で，自分が関わってきたシュミレーション・モデルでは，今日荻本さんも議論されていたのですけど，需要ですよね。エネルギー需要の置き方をどのようにするというときに，過去からの，いわば外挿的な形でのエネルギー需要の作り方が多くて，槌屋先生が示されたような省エネで半分減るといったものが，省エネも BAU（Business as usual　従来どおり）の感じであればさらに他の方向も考えなければならない。2050 年とかさらに 2100 年まで見渡してみると，ある意味パッシブな方向で行けるかもしれませんが，新しい要素が入らないなかでエネルギー需要を満たさなければいけないとなると，再エネでできるだけやるけれど，最後に残った部分は，化石燃料を代わりに使うんだったら CCS と組み合わせたほうが安くできるとか，さらにはバイオマスと CCS を組み合わせてネットでマイナスにするといった話になる。まぁ，そういうモデルのなかで困っていない人，困っていないというよりモデルのなかにいない人からすると，「何をやってるんですかあなたたちは」みたいなことですが，答えを出すためにそういう考え方が出てきて，ブームになっていくのかと思います。

槌屋——そんなモデルがどうして出てくるのか分からない。CO_2 の放出をゼロ

にできれば，大気中に残っているものは，海洋が吸収する，自然に吸収されていくわけです。いまでも半分は吸収しているわけです。さらに，どうしてそんなものが要るのか。

藤野――それも含めてのネットマイナス，ネット排出量ゼロということです。

槌屋――充分時間をかければ，CCS なしでも，CO_2 ゼロに向けて 2100 年に 280PPM まで戻せばいいと思うのですが。

藤野――それは時間をかければですけど，2 度目標で気候モデルから出される排出パスが，2100 年で人口的な原因で出される排出量をゼロとかマイナスにするというのが望ましい。というよりも，そうしないとなかなか厳しいねということです。

明日香――だから，まさに需要は大事だということだと思います。需要を半分くらいに減らさないと解が出てこないか，ものすごくコストが大きくなる解しか出てこないということです。多くのシナリオでも，CCS がない場合は需要がかなり減るという前提でやっています。

壽福――この需要 50％減というのは，私たちの共通認識としてあると思いますが，日本ではそこの政策的な踏み込みが決定的に遅れているのではないですか？

飯田――おっしゃる通りですけれども，とりわけ強調したいのは，言っていることと現実とのギャップの大きさです。今日の藤野さんの報告を懐かしいなと思いながら聞いていて，日本は，昔よく言われた「乾いた雑巾」（徹底的なコストダウンの喩え），あるいは「すでに対策技術の導入が進んでいる日本は」と言われているにもかかわらず，たとえばどこに行っても断熱窓なんてほとんど普及していない。北海道を除いては普及していないし，しかも北海道には断熱窓があるのにドラム缶が家の前にあって，石油ストーブをガンガン炊きまわしている。何といいますか，現実は非常に遅れているのに，外に対しては日本は限界削減費用ギリギリまで行っているとか，省エネが進んでいるのだという表面的な言葉ですよね。でも，それは必ず GDP 当たりで割っていて，一人当たりでは割っていない。それから，ドイツやデンマークもそうですが，デンマークなんかは（省エネの）半分は住宅部門だけれど，日本は少ない。でも，日本でもしドイツみたいな全館

総括討論　169

暖房をしたら，暖房費が高くてしょうがないから，スカスカの住宅でみんなコタツに入ってどてらを着込んでいるという，貧しさの表れで少ないだけで……。いま，断熱性能は上がっているけれども，中途半端な断熱住宅が広がるとともに，中途半端すぎて，それで全館暖房すると住宅のエネルギーがガーッと増えているというのが日本の現実。産業界の言う「乾いた雑巾」はまったく嘘で，1980年半ばくらいから省エネ事業はほとんど下りてきてなくて，日本は，たぶんドイツに逆転されるくらいいわゆる省エネの技術も負けています。技術レベルで見ても，産業界のポンプの最適化とか，そういったものもほとんど進んでいない。表面だけ，なんだかいまの安倍政権みたいですけど，威勢がいい言葉だけを言って，現実はボロボロ。そのなんとかしないといけないボロボロの現実にメスを入れていかないと。

交通問題とエネルギー政策

壽福——ありがとうございます。熱エネルギーについてはだいたい論点が出たと思いますので打ち切りにして，最後に議論しておきたい問題が一つあります。それは交通燃料の問題です。自動車に関しては，飯田先生・槌屋先生を含めていろいろな具体的提案がありましたが，電気自動車や燃料電池車に100％転換したとしても，飛行機はどうしますかね。国際交通はどんどん拡大する一方で，LCC（Low-cost carrier　格安航空会社）のこともある。たとえばドイツでは航空機利用を減らすために，遠距離に限定してしまう。それから回数を制限する。でも，近距離に関しては鉄道という公共交通機関，いわゆる近隣公共交通機関になりますが，路面電車等を含めて，もうこっちのほうに完全にシフトしていかないと交通燃料問題は解決しないと言う人もいます。だから，飛行機をどうするのかは考えなければいけない。バイオ燃料は失敗してしまったと言っていいのですよね。

飯田——いや，飛行機の代替燃料としてのバイオ燃料が失敗したわけではないと思います。自動車に関しては，10年前ぐらいはまだいわゆる自動車燃料三国志というのがあって，電気自動車，水素燃料電池，バイオ燃料とい

170　　第二部

う三つ巴の時期があった。槌屋先生には申し訳ないのですが，私は別にどれが好きだというわけではなくて，起きている現実を正しく評価すると，自動車燃料はもう完全に電気自動車になる，もう勝負はついた。これは間違いないですね。いわゆる太陽光発電の5年くらい前の状況になってきたと思います。燃料電池は，やっているのはもうトヨタとホンダだけで，それも本当に本気でやっているのかは分からない。中国は完全に電気自動車にターゲットを絞った，カリフォルニアと同じ全規制を入れました。インドもそうですね，2032年までに電気自動車が，というのをインドももう表明して，完全に雪崩を打ってそちらの方向に向かっているのが世界のマーケットの現実です。

　ただ，飛行機はかつての自動車と一緒で，まだどれになるのかがはっきり分からない。で，その抑制案ももちろん私も一応環境学者の端くれとしてはあるとは思うんですけど，リアリティはたぶん絶対にそうはいかない。近距離ジェットも含めて飛行機は，飛躍的に伸びざるをえないので，代替燃料を考えるしかなくて，やはりバイオ燃料は，それこそ藻を含めたバイオ燃料も充分まだ可能性がある。それから，限定的になるかもしれないけれど，ソーラー・プレーンもありますね。さらに，ひょっとしたら水素もあるかもしれない。まだいまようやく飛行機は三つ巴が始まってきた黎明期なのかな，という気がします。全体のボリューム感からして，自動車ほどインパクトがないうちに，早く代替の可能性が見えてきたらいいな，と。ただ，急激に伸びることは間違いない。

壽福──藻の可能性はかなり大きいですよね。

飯田──藻から出てくるあのディーゼルというか，あのジェット燃料です。

槌屋──自動車の燃料は，いま言われたように，電気自動車で充分できるようになる，バッテリーが軽くなって充電時間が短くなってたくさん積めるようになれば，それで問題は解決するのですが，長時間走る自動車，たとえば高速道路で1日200キロ以上走って往復したいとか，そういう自動車の需要がある。とくに貨物自動車などですね。それから，寒い地域で電気自動車に乗ると，暖房ができないので震え上がってしまう。バッテリーで暖房ヒーターをつけると電力消費が非常に大きくなりますので，電気自動車

が果たしてどこまで行けるのかは，私はまだよく分かりません。シナリオ
ではとにかく，2050年には内燃機関はなくなって，電気自動車と燃料電
池車とで半分ずつを想定しました。燃料電池自動車にすると，それだけ必
要なエネルギー量が増えますから，安全側だということで，そういうこと
にしてあります。どっちになるかはなかなか難しい。ただ，技術の場合に
は性能のいいものを追求する。電気自動車より燃料電池車のほうが性能が
いいとなれば，また水素もいろいろ供給できて，産業用にも使うとなれば
見方が変わると思います。

　それから，飛行機はカーボンファイバーを使って非常に軽くできるよう
になってきています。すでに30％くらい燃費がよくなっています。これ
をさらに燃費をよくしていくと，それこそ太陽光パネルを翼につけて，バ
ッテリーで飛ばすとか，あるいは水素で飛ばすことになるかもしれません。
計算してみると，水素タンクはかなり大きく体積を取りますので，いまで
も翼に燃料タンクが入っていますが，翼のほとんどに水素タンクを積むみ
たいなことになります。たぶん電気駆動の飛行機は，音が静かで匂いもし
ないというので，なかなかいいのではないか。

飯田――たぶんそういうことができるのではないですか。

槌屋――あと，可能性があるのは……。

壽福――ソーラー・プレーン。

飯田――このあいだ世界一周をちょうど終えたところですよ，ソーラー・プレー
　　　　ン。

槌屋――ゼロ・エネルギー・ハウス，ゼロ・エネルギー・ビルディング，ゼ
　　　　ロ・エナジー・プレーン，ゼロ・エナジーカーなどが出てきます。トヨタ
　　　　の創業者，豊田織機の社長は，自動車が将来は自分でエネルギーを捕まえ
　　　　て走るようになると言っていたという話があります。これは技術者だと当
　　　　然考えることで，私はそうなると思っています。とくに開発途上国の太陽
　　　　光輻射の大きいところでは，自動車の屋根にパネルがついているのは非常
　　　　にいいことで，バッテリーが切れても自力で走れるようになります。それ
　　　　から，飛行機用のバイオマスは，実際に使えるかわからないけれど，ユー
　　　　グレナが使えるという話があって，研究がうまくいけばいいが，と思って

います。

明日香——ひとこと補足です。温暖化対策という意味では，航空機や船から出る CO_2 は大きな問題です。いままで研究開発なども含めて事態が動かなかった理由は，船とか飛行機は，京都議定書でもパリ協定でも削減目標がないからです。というのは，どの国にも属さないので，規制が全然かかりませんでした。何とかしなければということで，EU だけは排出量取引制度で飛行機会社も規制をしようとして，それを世界中に広めようとしました。しかし，アメリカ，日本，インドなど多くの国が，主権の侵害などの理由を挙げて拒否したというのが実情です。飛行機会社などは，パリ協定でもいろいろ規制をかけられるのが嫌なので，いまようやく排出量取引制度のようなものを自主的に入れようとしています。それによって研究開発が進んで，より効率的で CO_2 を出さない技術が開発されるのではないかと少しだけ期待してはいます。

壽福——時間がないので，もう一点だけ。PV と FCV（Fuel Cell Vehicle　燃料電池自動車）に関して教えてほしいのですが，方向はこれでもう決まりで，世界の流れもそうなっている。これはその通りだと思う。ただ，日本とかドイツを見ていると，スキルの面でテンポが非常に遅い。価格の問題が大きいのかと思いますが，このあたりはどうでしょうか。

飯田——基本的には政策の問題ですよね。いま一番普及しているのは，じつはノルウェーです。新車の半分以上がすべて電気自動車に代わってきていて，さっきのヒーターの問題も，ヒートポンプ，ハイブリッド・ポンプが入っているので，電力量の 2〜3％ ぐらいは暖房充分できる。寒さ対策ももう充分できているんです。ノルウェーとかデンマークも多いのですけど，北欧は，車を買うのに税金が 200％ かかるんですよ。それが電気自動車だとタダになるので，テスラとか，日本でいうとプリウスくらいにごろごろあるんですね。それほどノルウェーもデンマークも普及している。カリフォルニアは全規制で，それを中国は入れている。あまりにもショッキングなので，日本とドイツの自動車メーカーがもっと緩くしろといま申し入れているところですが，中国はかなり本気ですね。だから，そういう意味で，FIT と一緒ですけれども，まずは初期需要を作るために規制を作るとい

うのが大きい。日本とかドイツは自動車メーカー，自動車ロビー，政治ロビーが強すぎて，そんな規制はとてもじゃないけど入れられない，というのが現状ではないでしょうか。

藤野——飯田さんがもうちょっと話されるかもしれませんが，たとえばロサンゼルスではハイブリッド自動車はもうエコカーじゃない，という感じで世の中が進んでいるなかで，日本は早くハイブリッドをやったかもしれないけど，それに胡坐をかいていたというか。エコカーでいいだろうとなって，次の段階まで行けていないのが原因ではないかと思います。

明日香——ご参考までに，中国に関してですが，北京はいまナンバープレートを取るのにくじ引きなのですね。くじの倍率は何倍かというと700倍。でも，電気自動車だったらすぐにナンバープレートがもらえます。だから，北京とかでは，ガソリン自動車は普通の人はもうほとんど物理的に買えない状況です。まさに政府の政策によって社会は変えられるということです。一方，日本はどうかと言うと，そのときに飯田さんも一緒にいたのでご存じだと思いますが，霞ヶ関の役所の人が2年ほど前に，「日本で何らかの政策を入れようとする場合，トヨタと新日鉄と東電がOKと言わないとその政策は入らない」と言っていました。残念ながら，それはいまでも真実なのかなと思います。

壽福——長時間にわたってご意見いただき，ありがとうございました。最後に一言ずつ，お願いできないでしょうか。

飯田——細かい点で2点だけ。船はですね，これは私も知らなかったのですが，大きなものはいまほぼすべて電動に代わっているらしいですね。ディーゼル発電なのかガスタービン発電かというかたちで，それからバッテリーとかで今後広がっていく。本当にあっという間にゼロ・エミッションになるのを，最近ピースボートのエコシップのデザインに参加して，「あ，そうなってるのか」と実感しました。ディーゼルをガンガンやっているイメージだったのですが，あぁ変わっているなと。それから，欠席裁判になるのですけど，荻本さんが先ほど言われてた原発止めたら3兆円出るというのは，新財団もレコードを出していますが，ちょっと間違いがあって，国会のなかでも経産省の間違いだと言っているのですが，3兆円というのは当

174　　第二部

時化石燃料が高くなっていた効果がかなり入っているから，正確には最大で 1.3 兆円分です。いまとなっては化石燃料は下がっています。いずれにせよ，長期的なビジョンをきちんと政府のエネルギー計画に対して掲げることが重要ですが，冒頭でお話しした通り，本当に現実が急激に変わってきている。その要素も織り込まないと，2050 年の話の前に，この 10 年で大きく変わる再エネとか電気自動車の話を織り込みながら，どのベクトルをやっていくのか。まさに今日話しあった 2050 年の話をすることは，どういう意思決定をするかというビジョンや原則を確認するものですが，そうであればなおのこと，ここ過去 5 年間に起きていることも，これから数年の間に起きるであろうこともしっかり見ておかないといけない。これは歴史上例を見ないほどの大きなエネルギー変化がいま起きているのだと。AI も含めて，そういうことを織り込んだ方向性を作っていく必要がある。

藤野——私のほうこそ，今日はいろいろ勉強する機会を与えてもらってありがとうございました。2050 年までというと，これまではやはり技術とかコストとか，できる・できないの話でシナリオを作ってきたところがある。望ましい社会がどういうものなのか，逆にエネルギーがそういうふうに進まない場合にはどうするかということを，やはり考えたい。なぜ日本が戦争に突入したのかという一つの原因には，石油の輸入の問題もあったと思います。飯田さんがおっしゃったように，いま革新的な転換が起こっているなかで，いち早く自分のエネルギーは自分で作れるようにするとか，さらには，他にも協力して影響力を発揮できるようにするとかを考えます。エネルギーの話もしながらも，社会に対する影響とか，将来に対する影響とか，世界に対する影響力をステークホルダーの人たちに分かる形で伝えていかないと，結局いままでのエネルギー政策は一部の人が作ればいいとか，一部が分かっていればいいという感じで作られてきたように思うのです。けれども，経済成長が止まってきて，エネルギーのコストもバカにならなくなってきたときに，また家計にもかなりしわ寄せが来て，地域にも重荷になっていくなかで，それらをどう次の知恵に転換していくかを理解するために，たとえばみんなでビジョンを作るとか，コンセプトを考えるというフェーズになってきている。そういう実践をされている方々が今日

集まったわけで，この場に呼んでいただいてありがとうございました。

槌屋——発表者からいろいろ新しい知見や，いろいろな考え方を聞くことができました。それから，会場からいただいた質問に答えているときに，その質問のなかに，いままで考えていなかった重要なことが含まれていることに気づかされまして，とてもいい体験でした，ありがとうございました。

明日香——いま，仙台で野党共闘の候補がリードしていると連絡が来ました。なので，もしかしたら女川原子力発電所の再稼働には消極的な人が市長になるかもしれません。

飯田——安倍政権の支持率は26％に落ちたのですよ。

明日香——その影響もあったかとは思います。仙台も頑張らなくてはいけない。一つ議論に出なかったものとして，原子力に関してはやはり，日本が核武装するのに必要だという話があります。中国・インドがそういう核武装に使える技術をもっていて，なんでわれわれは捨てようとするのかという，世界の覇権争いみたいな話です。本音のところでは，日本の原発を推進したほうがいいと思っている人は，そういうことを思っているのかなと思います。それは経済的なコストとは別の話ですが，実際には話がぐちゃぐちゃになっている。そのあたりをうまく解きほぐして，脱原発も脱温暖化も経済成長も3つ全部同時に達成できますよ，そのほうが，世界が平和にもなりますよということを，研究者がメッセージとしてどううまく出せるかが課題だと思います。ちなみに少々宣伝なのですが，もうすぐ『脱「原発・温暖化」の経済学』という本を出版しますので，読んでいただけるとありがたいです。今日は，どうもありがとうございました。

壽福——私もとても勉強になりました。自分の足りないところがあるなと痛感させられました。報告者のみなさん，参加者のみなさん，ありがとうございました。

2017年7月23日
於・法政大学多摩キャンパス　百周年記念館国際会議場

「エネルギー計画2050」構想
脱原子力・脱炭素社会にむけて

2019年2月5日　初版第1刷発行

編　者　　壽福眞美
　　　　　法政大学サステイナビリティ研究センター
発行所　　一般財団法人　法政大学出版局
　　　　　〒102-0071 東京都千代田区富士見 2-17-1
　　　　　電話 03 (5214) 5540　振替 00160-6-95814
　　　　　組版・印刷：三和印刷　製本：積信堂

© 2019　Masami Jufuku, Research Center for
　　　　Sustainability, Hosei University.

Printed in Japan　ISBN978-4-588-62540-4

［編 者］

壽福眞美 (じゅふく・まさみ) ［はじめに／第 2 章］

1947 年生。法政大学サステイナビリティ研究センター客員研究員。法政大学名誉教授。専門は社会哲学。著書に『持続可能なエネルギー社会へ』（共編著，法政大学出版局），『知の史的探究』（監修，八千代出版），『資料で見る ドイツ「エネルギー転換」の歩み 1980 〜 2016 年』（編，相模プリント），"Energy Transition in Japan and Germany"（Sagami Print & Publishing），訳書にヘニッケ／ヴェルフェンス『福島核電事故を経たエネルギー転換』（新評論）ほか。

［著 者］

槌屋治紀 (つちや・はるき) ［第 1 章］

1943 年生。株式会社システム技術研究所所長。東京大学大学院機械工学科卒業。工学博士。自然エネルギーによる日本のエネルギー自立計画と二酸化炭素削減シナリオを研究。太陽電池のコスト低下を学習曲線により分析。IPCC の報告作成に協力。著書に『エネルギー耕作型文明』（東洋経済新報社），『これからのエネルギー』（岩波ジュニア新書），『燃料電池』（ちくま新書），『エネルギーのいま・未来』（岩波ジュニア新書）ほか。

明日香壽川 (あすか・じゅせん) ［第 3 章］

1959 年生。東北大学東北アジア研究センター教授（環境科学研究科教授兼任）。専門は環境・エネルギー政策論。東京大学大学院農学系研究科修士（農芸化学），インシアード（INSEAD）で修士（経営学），東京大学大学院工学系研究科で博士（学術）を取得。地球環境戦略研究機関（IGES）気候変動グループ・ディレクター，京都大学経済研究所客員助教授などを歴任。著書に『脱「原発・温暖化」の経済学』（共著，中央経済社）ほか。

吉田文和 (よしだ・ふみかず) ［第 4 章］

1950 年生。北海道大学名誉教授，愛知学院大学経済学部教授。京都大学大学院経済学研究科博士課程修了。経済学博士。専門は環境経済学，産業技術論。著書に『ドイツの挑戦――エネルギー政策の日独比較』（日本評論社），『スマートフォンの環境経済学』（日本評論社），『循環型社会――持続可能な未来への経済学』（中公新書），『グリーン・エコノミー――脱原発と温暖化対策の経済学』（中公新書）ほか。

［以下，総括討論］

飯田哲也 (いいだ・てつなり)

認定 NPO 法人環境エネルギー政策研究所所長。著書に『エネルギー進化論』（ちくま新書），『コミュニティパワー――エネルギーで地域を豊かにする』（編著，学芸出版社）ほか。

荻本和彦 (おぎもと・かずひこ)

東京大学生産技術研究所エネルギーシステムインテグレーション社会連携研究部門特任教授。専門はエネルギー学，社会システム工学・安全システム。

藤野純一 (ふじの・じゅんいち)

国立環境研究所社会環境システム研究センター（環境社会イノベーション研究室）主任研究員。専門は電気電子工学，システム工学。

持続可能なエネルギー社会へ

舩橋晴俊・壽福眞美 編著 ………………………………………… 4000 円

原発震災のテレビアーカイブ

小林直毅 編／西田善行・加藤徹郎・松下峻也・西兼志 著 ………… 4200 円

参加と交渉の政治学　ドイツが脱原発を決めるまで

本田宏 著 ………………………………………………………… 2600 円

脱原発の比較政治学

本田宏・堀江孝司 編著 ……………………………………………… 2700 円

震災と地域再生　石巻市北上町に生きる人びと

西城戸誠・宮内泰介・黒田暁 編 ………………………………… 3000 円

触発する社会学　現代日本の社会関係

田中義久 編 …………………………………………………………… 3300 円

公共圏と熟議民主主義　現代社会の問題解決

舩橋晴俊・壽福眞美 編著 ………………………… 現代社会研究叢書 4700 円

規範理論の探究と公共圏の可能性

舩橋晴俊・壽福眞美 編著 ………………………… 現代社会研究叢書 3800 円

環境をめぐる公共圏のダイナミズム

池田寛二・堀川三郎・長谷部俊治 編著 ……… 現代社会研究叢書 4800 円

メディア環境の物語と公共圏

金井明人・土橋臣吾・津田正太郎 編著 ……… 現代社会研究叢書 3800 円

移民・マイノリティと変容する世界

宮島喬・吉村真子 編著 …………………………… 現代社会研究叢書 3800 円

表示価格は税別です

ナショナリズムとトランスナショナリズム

佐藤成基 編著 ……………………………… 現代社会研究叢書　4900 円

基地騒音　厚木基地騒音問題の解決策と環境的公正

朝井志歩 著 ………………………………… 現代社会研究叢書　5800 円

若者問題と教育・雇用・社会保障

樋口明彦・上村泰裕・平塚眞樹 編著 ………… 現代社会研究叢書　5000 円

自治体議会改革の固有性と普遍性

廣瀬克哉 編著 ……………………………… 法政大学現代法研究所叢書　2500 円

ポスト公共事業社会の形成　市民事業への道

五十嵐敬喜・萩原淳司・勝田美穂 著　法政大学現代法研究所叢書　3200 円

現代総有論

五十嵐敬喜 編著 …………………………… 法政大学現代法研究所叢書　2700 円

金融商品取引法の新潮流

柳明昌 編著 ………………………………… 法政大学現代法研究所叢書　3000 円

境界線の法と政治

中野勝郎 編著 ……………………………… 法政大学現代法研究所叢書　3000 円

日ロ関係　歴史と現代

下斗米伸夫 編著 …………………………… 法政大学現代法研究所叢書　2800 円

社会と主権

大野達司 編著 ……………………………… 法政大学現代法研究所叢書　3800 円

20 世紀の思想経験

細井保 編著 ………………………………… 法政大学現代法研究所叢書　2600 円

表示価格は税別です

社会国家・中間団体・市民権
名和田是彦 編著 ……………………… 法政大学現代法研究所叢書　3500 円

民意の形成と反映
石坂悦男 編著 ……………………… 法政大学現代法研究所叢書　4000 円

市民の外交　先住民族と歩んだ 30 年
上村英明・木村真希子・塩原良和 編著・市民外交センター 監修 …　2300 円

「人間の安全保障」論
カルドー／山本武彦・宮脇昇・野崎孝弘 訳 ………………………　3600 円

新しい政治主体像を求めて
岡本仁宏 編 ………………………………………………………　5600 円

人間存在の国際関係論
初瀬龍平・松田哲 編 ……………………………………………　4200 円

ウォー・ギルト・プログラム
賀茂道子 著 ………………………………………………………　5200 円

戦時期の労働と生活
法政大学大原社会問題研究所, 榎一江 編著 ……………………　4800 円

住環境保全の公共政策
山岸達矢 著 ………………………………………………………　4400 円

島の地理学　小さな島々の島嶼性
S. A. ロイル／中俣均 訳………………………………………　4400 円

我々みんなが科学の専門家なのか？
H. コリンズ／鈴木俊洋 訳 ………………………………………　2800 円

表示価格は税別です